JOURNAUX
ET
JOURNALISTES

PAR

· ALFRED SIRVEN

LA PRESSE — LA LIBERTÉ

PHOTHOGRAPHIÉS PAR PIERRE PETI

PARIS

F. COURNOL, LIBRAIRE-ÉDITEUR

20, RUE DE SEINE, 20

JOURNAUX ET JOURNALISTES

OUVRAGES DU MÊME AUTEUR :

Journaux et journalistes. Le *Journal des Débats*, 1 vol...	3 50
Journaux et Journalistes : Le *Siècle*, 1 vol.....	3 50
L'homme noir, 3ᵉ édition, préface de Victor Hugo.	3 »
Les Plaisirs de Bade, *Étude sur la forêt Noire et ses environs*, 1 vol.............................	1 50

SATIRES ET PAMPHLETS.

Les Imbéciles, 2ᵉ édition, 1 vol................	3 »
Les Crétins de Province, 2ᵉ édition, 1 v. illustré.	3 »
Les Abrutis, 1 vol. illustré....................	3 »
Les vieux Polissons, 1 vol. illustré (saisi et condamné..	
Les Infames de la Bourse, 1 vol. in-18.......	1 »
Les Tripots d'Allemagne, (2ᵉ édition). 1 vol. in-18.	1 »
Les Mauvaises Langues, 1 vol. illustré.........	1 »
La Première a Dupanloup, broch. in-8°........	1 »

SOUS PRESSE.

Journaux et journalistes : La *Gazette de France* avec le fac-simile du 1ᵉʳ numéro (1636) et le portrait de Renaudot, son fondateur.........

Les Premières Étapes d'un Prisonnier, souvenir de Sainte-Pélagie..............................

POISSY. — TYP. ET STÉR. DE A. BOURET.

JOURNAUX
ET
JOURNALISTES

PAR

ALFRED SIRVEN

LA PRESSE — LA LIBERTÉ

AVEC LES PORTRAITS DES RÉDACTEURS

PHOTHOGRAPHIÉS PAR PIERRE PETIT

PARIS

F. COURNOL, LIBRAIRE-ÉDITEUR

20, RUE DE SEINE, 20

1866

La *Presse du* 30 janvier dernier, contenait en tête de son numéro l'article suivant :

Paris, 20 janvier.

HISTOIRE DU JOURNAL *LA PRESSE*.

Sous ce titre: JOURNAUX ET JOURNALISTES, *M. Alfred Sirven a entrepris la publication d'une série de douze volumes, chacun contenant l'histoire politique, philosophique et littéraire d'un journal existant.*

Deux volumes ont déjà paru : le premier est intitulé le Journal des Débats, *le second est intitulé le* Siècle, *le troisième qui va paraître sera intitulé la* Presse.

L'histoire de ce journal, fondé le 1ᵉʳ juillet 1836, peut se résumer dans quelques lignes.

Journal de la liberté, il n'y a pas un excès de pouvoir, il n'y a pas un aveuglement dangereux dont la Presse *se soit jamais rendue complice sous aucun des trois régimes qu'elle a traversés, la Monarchie de 1830, la République de 1848 et l'Empire de 1852.*

Dans toutes les alternatives où elle a été étroitement placée entre la vérité que le devoir lui commandait de dire et l'amitié que l'intérêt lui conseillait de ménager, — ce qui signifie aduler, — la Presse *n'a jamais fléchi : c'est ainsi qu'après les élections de 1846 elle s'est séparée de MM. Guizot et Duchâtel, qu'elle avait énergiquement soutenus pendant sept ans; c'est ainsi qu'en 1848 elle a toujours distingué entre la République et la liberté, défendant celle-ci pied à pied contre les républicains de l'arbitraire; c'est ainsi qu'en 1849, sous M. Odilon Barrot, président du conseil, elle a renoncé à se contredire et à remonter avec lui la pente qu'avaient tracée tous les actes et tous les discours de sa vie parlementaire; c'est ainsi qu'en 1850 le suffrage universel et en 1851 la Constitution existante l'ont trouvée parmi leurs plus vaillants défenseurs. Aucun risque, aucun péril ne l'ont jamais timidement arrêtée.*

En 1847, la Presse, *dans la personne de son fondateur, était traduite devant la Cour des pairs qui l'acquittait.*

En 1848, elle était enfermée sans jugement à la Conciergerie.

En 1850, elle était condamnée en cour d'assises pour avoir pris le parti du suffrage universel contre le suffrage restreint qui venait de retrancher quatre millions sur dix millions d'électeurs.

En 1852, elle était exilée parce qu'elle était restée fidèle jusqu'au dernier jour à la République et à la Constitution de 1848, de même qu'elle était restée fidèle jusqu'à la dernière heure à la Royauté et à la Constitution de 1830.

La Presse peut regarder fièrement en arrière, sans avoir à craindre d'être obligée de baisser le regard et de se meurtrir la poitrine; elle a vu tomber deux gouvernements, mais sans avoir conspiré leur chute, s'étant au contraire exposée pour les sauver de l'abîme qu'elle voyait se creuser sous leurs pas. Elle n'a pas attendu, pour les avertir, qu'il fût trop tard! Elle le demande hautement à ses détracteurs comme à ses amis : est-il un seul de ses avertissements, est-il une seule de ses prévisions dont les faits aient tardé à vérifier avec éclat la sincérité et la justesse?

S'il en est ainsi, comment, lorsque c'est la Presse *qui parle, est-ce sa bouche que l'on tente de fermer, quand ce seraient leurs oreilles que devraient ouvrir toutes grandes les serviteurs dévoués du gouvernement? Se trompât-elle dans ses conseils et dans ses avertissements, toujours et tous puisés à la même source, la source de la liberté la plus pure, est-ce que la sincérité non suspecte de la* Presse, *qui n'a jamais pris l'opposition pour l'indépendance, qui ne les a jamais confondues, ne devrait pas suffire à lui assurer l'impunité? Est-ce que la* Presse *n'a pas le même intérêt que l'Empire à ce qu'un nouveau bouleversement n'ait pas lieu? Si une quatrième révolution éclatait et triomphait, est-ce que cette révolution ne se dresserait pas menaçante contre la* Presse, *et ne lui demanderait pas inexorablement compte de l'élection du 10 décembre 1848, en lui en attribuant tout entier le succès, car le propre de toutes les révolutions, c'est de tomber de la hauteur de toutes les intolérances dans la profondeur de toutes les exagérations? Est-ce qu'une telle solidarité dans l'avenir ne devait pas être dans le présent une inviolable garantie?*

Parmi les journaux existants, est-il un seul journal qui ait donné les mêmes gages que la Presse ? *En est-il un seul qui ait bravé les mêmes injures, les mêmes calomnies, les mêmes risques, les mêmes périls, pour assurer le succès de la candidature qui l'a emporté sur celle du général Cavaignac ? Cette candidature, dont, avant le 29 octobre 1848, aucun journal n'avait osé prendre l'initiative et accepter la responsabilité, quel est le journal qui fut le premier à la proclamer ? N'est-ce pas la* Presse ? *Comment son historien, comment M. Alfred Sirven expliquera-t-il que le désintéressement le plus absolu uni à la sincérité la plus clairvoyante n'ait donné aux avertissements de cette feuille aucun poids et n'ait détourné d'elle aucun coup ?*

Le secrétaire de la rédaction :

E. BAUER

A cet article nous répondions le lendemain :

A M. LE RÉDACTEUR EN CHEF DE LA *Presse*.

Monsieur

A propos de l'histoire des *Journaux et Journalistes*, la *Presse* d'hier explique qu'elle a toujours défendu la liberté sous les trois régimes que la France a traversés. L'histoire de la *Presse*, qui formera le troisième volume de notre publication, témoignera, nous l'espérons, de cette fidélité au drapeau que nous aimerions à trouver dans les feuilles de tous les partis.

Quant à nous, notre devoir est de compulser, de scruter, d'analyser avec un soin minutieux les soixante volumes qui composent la collection de la *Presse*, d'interroger feuille à feuille, chaque colonne, chaque ligne, chaque mot, pour pénétrer dans la pensée intime des écrivains, et bien saisir le sens général de la politique de ce journal.

Cette tâche accomplie avec la plus grande impartialité, le lecteur jugera.

Veuillez agréer, etc.

ALFRED SIRVEN.

Notre tâche est accomplie, que le lecteur juge!

LA PRESSE

I

Fondation de la *Presse*. — M. Émile de Girardin, ses idées de réformes économiques, ses observations, ses calculs. — Il accepte les offres de M. Dutacq. — Trahison de ce dernier. — Capital de la *Presse*. — Ses actions, ses prospectus — Principes du journal. — Ses bases économiques. — Guerre contre la *Presse* et M. Émile de Girardin. — Le *Bon Sens* et M. Capo de Feuillide. — Note du *National*. — Réplique de la *Presse*. — Conséquences de cette polémique. — Justification récriminatoire de la *Presse* sur la rencontre de M. Émile de Girardin avec Armand Carrel et la mort de ce dernier. — Continuation de la guerre. — Encore le *Bon Sens*. — Triomphe de la *Presse*. — Son patronage, sa rédaction politique et littéraire.

De l'avènement de la *Presse* date la réduction du prix des journaux. Le *Siècle*, qui prit naissance le même jour, se produisit bien en faisant briller aux yeux du public les mêmes avantages, mais l'idée de cette réduction qui appartenait à M. Émile de Girardin lui avait été empruntée, disons mieux, soustraite par son rival en industrie, M. Dutacq.

A M. de Girardin revient donc tout l'honneur de cette idée heureuse et féconde, dont le *Siècle* ne profita pas seul, mais bientôt après lui le *Constitutionnel*, et successivement tous les journaux politiques, à l'exception d'un seul, le *Journal des Débats*.

Les incidents qui ont précédé l'apparition simultanée de la *Presse* et du *Siècle* sont des plus curieux.

Plusieurs entreprises industrielles avaient réussi à M. Émile de Girardin. Mais cet esprit remuant, fertile en inventions, aspirait à un rôle distingué dans le monde politique. A cette ambition se mêlaient des idées de réformes économiques dans le journalisme. Avec son ardeur accoutumée, il s'occupa de créer un organe politique assez puissant pour qu'il pût s'en faire un levier, mais dans les conditions nouvelles que ses observations lui avaient suggérées.

Il avait remarqué que dans la masse énorme des lecteurs de journaux, les deux tiers au moins, sauf dans les jours de trouble où l'émeute remplit la rue, n'en parcouraient guère que la partie littéraire, anecdotique et judiciaire, ennuyés et rassasiés des discussions stériles des Chambres et des appréciations non moins stériles des *Premiers Paris* des journaux. N'y avait-il pas là un besoin réel à satisfaire, une affaire à monter? Rien de plus certain. Il fallait donc créer un journal s'adressant surtout au grand nombre par sa partie amusante et anecdotique. Pour cela il s'agissait seulement de découper en feuilletons les romans inédits d'auteurs à la mode, et du commencement jusqu'à la fin de l'année en farcir le rez-de-chaussée du journal. Quelle pâture pour les désœuvrés d'un goût facile et quel moyen de s'assurer les sympathies des femmes, si avides de ce genre de littérature et dont l'influence pèse d'un si grand poids dans la question d'abonnement! Immanquablement on arriverait à avoir en peu de temps un grand nombre d'abonnés; le journal prendrait rang dans les régions politiques; et du réseau d'intrigues et de tripotages de toutes sortes qui résumait déjà chez nous le parlementarisme et le constitutionalisme, il serait facile de dégager quelque situation avantageuse et brillante. Mais le principal élément de succès sur lequel comptait M. de Girardin, c'était la réforme radicale que lui semblait réclamer le taux exorbitant des journaux. Ce prix qui était de 80 francs, il avait trouvé le moyen de le réduire de moitié.

M. Émile de Girardin ayant exposé dans son *Journal des Connaissances utiles* le plan d'une feuille politique quotidienne à 40 francs, M. Dutacq, fondateur et propriétaire du *Droit*, séduit par cette théorie nouvelle du journalisme à bon marché, vint proposer à M. de Girardin d'en poursuivre avec lui la réalisation. L'offre de M. Dutacq agréée, il ne s'agissait plus que de s'occuper sans retard des préparatifs.

Ceci se passait au mois de juin 1836. Le journal qu'il s'agissait de créer devait s'appeler la *Presse* et paraître le premier juillet. MM. de Girardin et Dutacq s'entendirent parfaitement jusqu'au moment où il fallut se prononcer sur le choix d'un rédacteur en chef. M. Dutacq était d'avis de placer la nouvelle feuille sous la direction de M. de Lamartine. Mais M. de Girardin, plein de sa propre force et de sa vaillance, ne voulait à sa tête d'autre autorité que la sienne. Malgré ce dissentiment, tous deux, chacun de leur côté, s'occupaient de la réalisation du projet conçu par M. de Girardin. Mais bientôt M. Dutacq ayant réussi à trouver dans ses relations personnelles les capitaux nécessaires et pouvant dès lors se passer du concours de son cointéressé, l'abandonna et s'empara de l'affaire.

M. de Girardin n'était pas homme à se laisser battre sur son propre terrain : il se mit à l'œuvre pour une éclatante revanche.

Le *Siècle* se montait au capital de 600,000 francs en actions de 200 francs. La *Presse* fut constituée au capital de 800,000 francs représenté par des actions de 250 francs. Mais des difficultés surgirent auxquelles ne s'attendait pas son habile fondateur.

Créer des actions, tout le monde sait cela, n'est guère que le pont aux ânes de l'industrialisme. Le papier, l'impression ne coûtent pas cher. Le premier industriel venu en créera pour des millions : en opérer le placement voilà le chef-d'œuvre d'un créateur de génie. Pour placer celles de la *Presse* la hardiesse et l'habileté de M. de Girardin n'étaient pas de trop.

Le prospectus de la *Presse*, depuis quinze jours répandu à profusion à Paris et dans les départements, n'avait pas produit un seul actionnaire, et déjà dans le monde journaliste on ne parlait que du désarroi de la nouvelle entreprise. Mais son fondateur est un esprit fécond en ressources, les expédients ne lui firent jamais défaut. Il cherche et trouve enfin un imprimeur et un papetier qui consentent à souscrire, chacun, cent actions de la spéculation moribonde. Ces actions immédiatement livrables devaient être remboursées seulement en déduction de tant pour cent sur les factures respectives des deux souscripteurs. Il n'avait pas été difficile de faire comprendre à ces deux négociants que, grâce à cette précaution parfaitement licite, les propositions qui leur étaient faites n'avaient aucun danger pour eux. En effet la non réussite de l'entreprise ne compromettait que leurs bénéfices particuliers comme fournisseurs. Réussissait-elle, ce qui semblait infaillible par la réalisation du fonds social? Par la vente de leurs actions ils gagnaient d'avance une année de bénéfices. Ce calcul était trop simple pour n'être pas apprécié. Pourtant si la *Presse* n'eût point trouvé d'autres bailleurs de fonds, peut-être fût-elle demeurée à l'état de projet. Ces deux souscriptions montant à 50,000 francs et absorbant ainsi à elles seules le seizième du fonds social, sans en révéler la cause résolutoire, un second prospectus les mit en avant, et bientôt les actionnaires empressés affluèrent à la caisse. En peu de jours toutes les actions furent enlevées. La *Presse* était fondée avec un capital de vingt-cinq pour cent plus fort que celui du *Siècle*.

La *Presse*, ainsi que le *Siècle*, parut le premier juillet 1836.

Voici la profession de foi du nouveau journal publiée dans le prospectus sous ce titre : *Principes de la Presse*, précédée de cette épigraphe :

« Cette œuvre, ce sera la formation paisible,

force et vie, de les faire prévaloir enfin, leur demandant comme aux royautés nouvelles, où elles vont et non point d'où elles viennent.

» La *Presse* différera des journaux établis principalement en ces points :

» Que le prix de son abonnement ne sera point une spéculation;

» Qu'elle ne sera l'exploitation vénale d'aucun parti passionné;

» Qu'elle ne sera ni obséquieuse ni agressive envers le Pouvoir, mais juste et vraie;

» Qu'il ne sera point nécessaire d'être sacramentellement affilié à sa rédaction pour user de sa publicité en faveur d'une idée dignement exposée, d'un appel généreux, d'une relation exacte, d'une opinion portant la garantie d'une signature honorable.

» On a défini la presse : « La grande tribune des temps modernes. » Cette définition est fausse.

» Les opinions contraires, diverses, généralement ou partiellement divergentes, se succèdent à la tribune, elles s'excluent dans un journal.

» Sans donner le fatigant spectacle d'un journal sans convictions et sans unité, admettant à tour de rôle le Pour et le Contre, ou bien celui d'un journal sans individualité, pillant de çà et de là, timidement et tardivement, la *Presse* aura cela de particulier qu'il suffira qu'un débat ait de l'importance pour qu'elle l'accepte contradictoirement avec empressement et loyauté en présence de ses lecteurs.

« La *Presse* se constitue spécialement :

» D'abord :

» Afin de soumettre à un contrôle nécessaire la presse périodique lorsqu'elle abuse de la puissance infinie dont elle dispose, qu'elle manque d'équité, d'impartialité et de bonne foi ;

» Ensuite :

» Afin d'avertir ceux aux mains desquels sont les destinées de la France que l'ordre matériel n'est qu'un état oppressif et trompeur qui n'a pas d'éléments de durée, — là où l'ordre moral n'est pas préalablement établi, — là où la force armée est exclusive et la force intellectuelle méconnue, — là où le maréchal de France, soutien impuissant des trônes qui croulent sous le poids d'une idée, occupe encore le sommet de la hiérarchie sociale, et où l'écrivain, générateur des révolutions, n'a d'autre place que celle que d'impolitiques dédains l'obligent de conquérir périodiquement... »

Ce programme peut se passer de commentaire. Que pourrait-on lui reprocher ? Il est large et libéral. Mais il n'est peut-être pas inutile de le mettre sous les yeux du lecteur à cause même du libéralisme qu'affiche la *Presse* à son début, et aussi pour les fluctuations dont plus tard elle a donné le spectacle.

Le *Premier Paris* du premier numéro contenait le paragraphe suivant qui semble le complément du programme :

« Il n'y a guère, socialement, qu'une idée mère dans les esprits. Le problème à résoudre est toujours celui-ci : *Le plus de bonheur possible pour le plus grand nombre possible.* C'est là que se rencontrent tout homme d'État, tout penseur, tout écrivain. »

La nouvelle feuille était fondée sur cette idée économique :

« Le produit des annonces étant en raison du nombre des abonnés, réduire le prix d'abonnement à sa plus extrême limite, pour élever le chiffre des abonnés à sa plus haute puissance. »

Au reste M. Émile de Girardin ne mettait pas la lumière sous le boisseau; il exposait au contraire nettement et clairement les bases qu'il jetait de cette opération que la routine considérait comme impossible ou chimérique.

« Le prix d'abonnement des journaux quotidiens, disait le prospectus, n'est pas en juste rapport avec la modicité du revenu moyen de la grande majorité des électeurs français, qui se compose de propriétaires ruraux; sur beaucoup de points, nous le savons, 80 francs sont à peine la rente annuelle d'un capital de 4 à 5,000 francs en terres arables.

» La presse politique appelle donc une réforme.

» Cette réforme est-elle possible autrement que par la suppression ou par la réduction législative du droit du timbre?... Nous le croyons. Le premier nous l'avons dit et imprimé [1]. Il s'est enfin trouvé des capitaux assez intelligents, assez hardis pour nous suivre dans la seule voie que la spéculation n'ait pas encore sillonnée d'ornières.

» La question de publicité marchande n'est pas seulement industrielle, elle est encore sociale et renferme en elle le principe de la réforme de la presse politique.

» C'est cette réforme que depuis longtemps nous méditons, et que nous venons enfin accomplir dans toute son étendue.

» Un journal politique doit être une œuvre de prosélytisme et de médiation, et non plus un trafic des discordes civiles par voie d'abonnement, un

---

1. *Projet de législation transitoire de la presse périodique*, décembre 1830. *Note sur la presse périodique*, Avril 1831. *Journal des connaissances utiles*, 1834. p. 294.

commerce d'articles achetés d'une main à l'écrivain et vendus de l'autre aux partis. Désormais l'abonné d'un journal ne doit plus payer que les stricts déboursés de papier, de tirage, de timbre et de poste; c'est aux annonces par leur produit à subvenir aux frais de rédaction, de composition et d'administration, qui sont le fait de l'émission d'une doctrine, et qui pour un comme pour 100,000 abonnés sont toujours invariablement les mêmes.

» Abaissez sans crainte à ses dernières limites le prix d'abonnement d'un journal, et la rapide progression de ses lecteurs sera simultanée avec celle du produit de ses annonces... L'une a l'autre pour conséquence implicite; moins ce journal coûtera cher d'abonnement, et plus le tarif de ses annonces pourra être élevé; car il aura pour base équitable l'étendue même de la publicité dont il dispose.

» Cette source abondante de revenus qui ne date que de 1828, qui chaque année a constamment été progressive, n'a cependant encore acquis qu'une partie de son développement[1]. Ce développement,

---

[1]. Le produit du journal *The Times* dépasse 25,000 livres sterling (750,000 francs). Celui de quelques journaux français qui comptent 8 à 10,000 abonnés, tels que le *Journal des Débats*, la *Gazette de France*, etc., s'élève de 200 à 250,000 francs. Cha-

pour être complet, attend que le prix d'abonnement des journaux soit enfin mis en harmonie avec le grand nombre de petits consommateurs, et que l'industrie réalise indirectement ce que la législation, retenue par le fisc, n'a pas su faire en 1830.

» Mais une telle réforme, pour réussir, ne doit pas être entreprise timidement... »

Ne fallait-il pas en effet pour entreprendre une telle réforme, qui était en quelque sorte comme un 93 du journalisme, toute la hardiesse de M. Émile de Girardin. Convenons toutefois qu'il ne fallait pas être bien clairvoyant pour saisir tous les avantages d'une pareille combinaison. Ils sautent tellement aux yeux dans cet exposé capable de convertir les esprits les plus rebelles, qu'aujourd'hui l'on s'étonne à bon droit que le plan de ce novateur qui sollicitait naturellement toutes les adhésions ait eu à lutter contre une opposition aussi redoutable. Mais cette idée était si nouvelle, si imprévue, elle renversait d'une façon si radicale des systèmes établis, que ceux qui croyaient avoir intérêt à leur

---

que page d'annonces rapporte 1,000 francs. Lorsqu'une personne l'achète à forfait elle est payée 720 francs. Il faut parfois attendre plus de huit jours son tour d'inscription, et tel est l'encombrement des annonces, que pour se mettre à jour, il n'est pas rare de voir le *Journal des Débats* publier à l'aide d'un supplément cinq pages d'annonces (*Note du prospectus de la Presse*).

lente et logique d'un ordre social, où les principes nouveaux, dégagés par la Révolution française, trouveront enfin leur combinaison avec les principes éternels et primordiaux de toute civilisation.

» Concourons donc ensemble, tous chacun dans notre région et selon notre loi particulière, à la grande substitution des questions sociales aux questions politiques. Tout est là. Tâchons de rallier à l'idée applicable du progrès tous les hommes d'élite et d'extraire un parti supérieur qui veuille la civilisation de tous les partis inférieurs qui ne savent ce qu'ils veulent.

» Victor Hugo. »

« Toutes les opinions, toutes les dissidences politiques ont des journaux pour se manifester. A cet égard il n'existe ni lacune à combler ni besoin méconnu qui demande satisfaction.

» Le journal qui paraîtra le premier juillet sous ce titre la *Presse* ne se fonde donc point avec la prétention de venir émettre une doctrine nouvelle, de susciter encore dans le pays un parti ou une coterie de plus : le journalisme a mis au monde assez de sentiments sociaux, il a fait de toutes les couleurs de notre drapeau assez de nuances diverses pour qu'il lui soit rendu la justice de reconnaître qu'à cet égard il n'a plus laissé rien à tenter. Passions, intérêts, ambitions, haines, préventions, illusions, fausses théories et vaines terreurs, le tout est depuis longtemps et alternativement de la part des journaux établis l'objet d'une trop habile exploitation, pour qu'il soit permis de prétendre faire à cet égard plus ou mieux.

» Cela dit : la *Presse* évitera de reproduire l'une de ces professions de foi banale sur le progrès, l'ordre et la liberté, stéréotypées à l'usage de tout journal qui se fonde précédé d'un prospectus.

» Elle se bornera donc à déclarer :

» Qu'elle admet sans examen la forme représentative établie et la royauté telle que l'a faite la Charte de 1830.

» Qu'elle désire rallier toutes les voix généreuses, éloquentes, jeunes et indépendantes tenues à l'écart des partis par leur esprit exclusif.

» Mais si toutes ces opinions douées de quelque consistance ont leurs organes, toutes les idées saines et fécondes, neuves ou expérimentées, larges par la base ou élevées par le faîte, attendent encore un journal qui, se dégageant de toute préoccupation systématique, se voue à la seule mission de les recueillir, de les propager, de leur donner asile, conservation l'attaquaient journellement. Cette idée qui devait avoir de si féconds résultats fut contestée avec la plus vive animosité dans une polémique pleine d'acrimonie. Dans cette campagne contre l'avènement de la presse à bon marché, le *Bon Sens*, journal démocratrique, montra surtout un grand acharnement. M. Capo de Feuillide publia une suite d'articles réunis plus tard en brochure, où, non content de prendre à partie l'organisation de la presse économique, il descendait constamment jusqu'aux personnalités, à ce point que M. Émile de Girardin cita le *Bon Sens* pour fait de diffamation devant la 6ᵉ chambre de police correctionnelle.

C'est alors que le *National* intervint dans le débat. Et l'on peut dire qu'une discussion à laquelle il était totalement étranger, amena ce fatal événement dont le seul souvenir provoque toujours une émotion pleine de regrets.

Dans son numéro du 20 juillet 1836, il publiait les lignes suivantes :

« M. Émile de Girardin, membre de la chambre des députés, est à la tête d'une société qui croit avoir trouvé moyen d'établir un journal au prix de 40 francs par an, découverte heureuse et dont le pays profitera, si M. de Girardin réussit dans cette entreprise. Mais, comme premier moyen de succès,

M. Émile de Girardin a cru devoir publier des prospectus dans lesquels il parle de journaux qui existent depuis six, dix, quinze et vingt ans, en termes que nous nous serions contenté de mépriser pour notre compte, mais qu'un de nos confrères, le *Bon Sens*, a relevés dans une série de feuilletons fort piquants et dont le public s'est beaucoup occupé. Le spirituel auteur de ces feuilletons, M. Capo de Feuillide, passe en revue les combinaisons et les calculs dans la confidence desquels on a été mis par les prospectus de M. Émile de Girardin. M. Capo de Feuillide trouve l'entreprise mauvaise; il en a bien le droit, et il appuie son opinion de considérations et de raisonnements qui ne nous ont pas paru sortir des limites d'une discussion permise. M. Émile de Girardin pouvait répondre dans son journal; il a mieux aimé considérer comme diffamation contre sa personne les doutes jetés sur l'exactitude de ses calculs; il a attaqué le *Bon Sens* et M. de Feuillide devant la police correctionnelle. Cette affaire sera jugée demain, et M. Émile de Girardin jouira du bénéfice des lois de septembre. La presse ne pourra pas rendre compte des débats de cette affaire; nous en ferons connaître le résultat, qui ne nous paraît pas douteux; car rien ne ressemble moins à la diffamation, telle que nos lois la définissent, que la discussion de M. de Feuillide contre les assertions et les chiffres de M. Émile de Girardin. »

La réponse à cette note, qui en appelait nécessairement une, fut insérée dans la *Presse* du lendemain 21 juillet.

La voici :

« Le *National* jette un blâme sévère sur M. Émile de Girardin pour ne s'être pas, de préférence, servi de la voie de la presse. Ce reproche manque de la loyauté attribuée au caractère de M. Carrel. Assurément le reproche serait mérité si le *Bon Sens* s'en fût tenu à l'examen critique et sévère de la base économique sur laquelle la *Presse* est établie. Mais il n'en a pas été ainsi : les accusations les plus odieuses et les plus personnelles ont été accumulées contre M. Émile de Girardin... C'est bien malgré nous et parce qu'il ne nous est point possible de garder le silence que nous nous jetons sur le terrain où l'on nous pousse. Mais enfin, si l'on persiste à le vouloir, nous l'accepterons, et nous publierons ce que le *Bon Sens*, le *National* et le *Temps* ont coûté à leurs actionnaires; nous ferons, à notre tour, les comptes de ces journaux, puisqu'ils prennent la peine de faire les nôtres. Les renseignements sur ce point ne nous manqueraient pas plus que ceux qui nous seraient nécessaires pour les biographies de plusieurs rédacteurs de ces journaux, si nous étions jamais contraint de les publier. En ce cas-là même, nous promettrions de nous en tenir à la stricte vérité des faits. Nous n'aurions pas, nous, de faillites imminentes à prédire ; il nous suffirait de faillites consommées à relever au greffe du tribunal de commerce. »

Nous ne croyons pas devoir qualifier le ton froid, compassé, mais incisif et récriminatoire de ces deux notes, de la dernière surtout, ton qui était loin de laisser prévoir à cette polémique un dénouement sans violence ou seulement pacifique.

La satisfaction demandée par M. Armand Carrel ne fut point donnée par M. Émile de Girardin, et le lendemain les deux adversaires se rencontraient sur le terrain, dans le bois de Vincennes.

« L'explication directe qui avait eu lieu entre M. Carrel et M. de Girardin, dit le *National*, ne laissait malheureusement rien à faire aux témoins de M. Carrel pour amener une conciliation. »

Le jour même de cette rencontre la *Presse*, comme si elle éprouvait le besoin de justifier la conduite de son rédacteur en chef vis-à-vis de M. Armand Carrel, publiait ce qui suit à propos du procès intenté par M. Émile de Girardin au *Bon Sens* et à M. Capo de Feuillide.

« La guerre s'engage contre nous avec acharnement; nous l'acceptons avec tous ses périls, et seuls contre tous, puisqu'il ne se trouve dans la presse aucun journal assez désintéressé pour nous venir en aide.

» Le spectacle de cette guerre présentera assez d'intérêt pour que nos actionnaires et nos abonnés n'aient point à regretter la place qu'il occupera dans leur journal.

» La réduction du prix a été trouvée insensée par le *Journal des Débats*. Selon lui, les journaux à 40 francs n'ont pas une année à vivre.

» L'augmentation du format et la diminution du prix des annonces ont enfin été proposées; sur ce point une grande difficulté s'est présentée; la réduction du prix des annonces ne préviendrait pas les désabonnements, a-t-on dit, et si les désabonnés quittent, plus de clientèle d'annonces, quelque réduit que puisse être le tarif.

» Faute de parti pris et d'expédient trouvés, on s'est enfin arrêté au plan de campagne que voici :

» 1° Éviter de nommer et citer jamais le titre de la *Presse*.

» 2° Éviter surtout de rappeler le prix de son abonnement :

» 3° Ne procéder contre la *Presse* que par attaques indirectes et détournées contre la personne de son gérant; ne lui laisser ni repos ni relâche, qu'il n'ait succombé à la fatigue ou à l'ennui d'hostilités incessantes, d'insinuations perfides, qu'enfin l'opinion publique, qui le soutient dans son œuvre de réforme, ne l'ait abandonné.

» Tel est le plan de campagne des journaux coalisés. Maintenant observons la marche qu'ils suivent. »

Le 23 juillet on lisait dans la *Presse* :

« Ce matin à six heures et demie, une rencontre a eu lieu à Vincennes, entre M. Armand Carrel et M. Émile de Girardin. M. Émile de Girardin, atteint le premier, a eu la cuisse traversée par la balle de son adversaire, et M. Armand Carrel a été frappé au bas ventre. MM. les docteurs Baude et Max, qui assistaient les combattants, leur ont prodigué les premiers secours. M. Émile de Girardin a pu être ramené chez lui. M. Armand Carrel, attendu la gravité de sa blessure, a été transporté sur les bras des quatre témoins au domicile de M. Peyra, à Saint-Mandé.

» Les nouvelles que nous nous sommes procurées

de deux heures en deux heures, sans rassurer complétement notre vive inquiétude sur l'état de M. Carrel, nous donnent cependant de l'espoir.

» *Minuit.* L'état de M. Armand Carrel continue à s'améliorer. »

Et le 26 Juillet :

« Nous avons la douleur d'annoncer que M. Armand Carrel a succombé à sa blessure. Il est mort hier matin à cinq heures. Ses obsèques ont eu lieu aujourd'hui à Saint-Mandé. Un grand concours de personnes de toutes opinions assistait au convoi. On y remarquait MM. de Châteaubriand, Béranger, Arago et Laffitte. Des discours ont été prononcés à l'entrée du cimetière par les amis de M. Armand Carrel. »

Si M. Émile de Girardin, comme on l'en a accusé, se flattait de favoriser par le bruit et l'éclat l'éclosion de la *Presse*, il fut certainement servi à souhait. Mais nous ne rappelons ces rumeurs envenimées que pour constater combien cette fatale rencontre souleva contre lui de haines profondes qui n'employèrent pour le combattre d'autres armes que la violence. Bien que M. de Girardin tout le premier eût déploré les fâcheuses conséquences de cet événement; bien qu'il eût eu lui-même la cuisse traversée et que sa blessure fût fort grave, il continua à être l'objet des attaques les plus passionnées. On ne s'en prenait pas à M. Dutacq, quoique le *Siècle* dès son apparition prît des proportions incroyables; mais à lui seul, parce qu'en sa qualité de promoteur et d'innovateur il était cause du désarroi des journaux à 80 francs. Les affiches de la *Presse* à 40 francs étaient partout arrachées et les prospectus lacérés. Les hommes d'opinions extrêmes demandaient simplement l'interdiction de la *Presse* dans les lieux publics. A quelques exceptions près, tous les journaux de Paris, des départements et même de l'étranger continuaient, avec un ensemble digne d'un meilleur sort, la guerre allumée contre M. de Girardin. On voulait à tout prix perdre la *Presse* en perdant de considération dans l'opinion publique son rédacteur en chef. Pamphlets, provocations, injures ne se lassaient pas de le poursuivre. Il y en eut d'une telle sorte qu'avant la mort d'Armand Carrel il avait été déjà trois fois sur le terrain.

Veut-on avoir une idée du ton et du langage de ses ennemis? Voici ce que publiait dans son numéro du 24 juillet 1836 le journal le *Bon Sens*.

« Un événement funeste a marqué les derniers jours de cette semaine. M. Carrel a été dangereusement blessé dans un duel par un homme qui ne méritait pas d'avoir un tel adversaire. »

Après avoir dit qu'il s'est trouvé un homme
« qui, sans provocation et de propos délibéré, » a
osé mettre en doute la loyauté d'Armand Carrel, le
Bon Sens ajoute :

« Cet homme, nous l'avions dénoncé comme le
défenseur d'une entreprise ruineuse et insensée,
comme l'adversaire de la presse sourdement minée
par la création d'un journal qui mesure la pensée à
l'aune. »

M. Émile de Girardin, qui sur la tombe d'Armand
Carrel avait fait le serment de ne plus se battre en
duel, fit intrépidement tête à l'orage. Cet acharnement nuisit d'abord à la *Presse*. Mais les prospectus
lancés par son fondateur, rédigés avec une merveilleuse habileté, malgré le ridicule dont on
cherchait à les couvrir, parvinrent à l'effet immense
qu'ils étaient destinés à produire, et la révolution
économique et politique de M. Émile de Girardin
dans le sein du journalisme, réduisant à néant
toutes les objections absurdes ou futiles, réduisant
au silence ou se ralliant tous ses adversaires, triomphant enfin de toutes les difficultés, de tous les
obstacles, la *Presse*, comme un navire bien lesté,
bien gréé, navigua bientôt à pleines voiles dans la
mer du succès.

L'existence du nouveau journal était donc assurée. M. Émile de Girardin était trop habile industriel pour avoir songé, après la trahison de M. Dutacq, à invoquer le patronage du centre gauche, qui cependant ne lui eût certes pas plus fait défaut qu'à son rival le *Siècle*. En homme qui n'est jamais pris au dépourvu, il se fit l'organe du parti conservateur, et afin de mieux favoriser l'achalandage de sa feuille, il fit circuler dans le public comme drapeau, une liste ronflante de députés du centre et du centre droit.

Pour la politique, des hommes éminents par le talent ou la grande situation, des députés, des publicistes, des conseillers généraux, formaient autour du rédacteur en chef, député lui-même, un groupe imposant qui nécessairement imprimait au journal le caractère pratique et progressif auquel il prétendait.

La partie littéraire était confiée aux jeunes plumes les plus distinguées et les plus populaires de cette époque. Le roman n'envahit pas tout d'abord le rez-de-chaussée du journal. Il était rempli par des articles de tout genre sous ce titre : Feuilleton de la *Presse*. Frédéric Soulié, qui inaugura ce feuilleton dans le premier numéro, après l'avoir défini ce qu'il n'est pas et ce qu'il devrait être, s'écrie dans une sorte d'enthousiasme prophétique :

« Honneur donc au Feuilleton ! Gloire au Feuillon ! Le Feuilleton est une puissance ! »

Puis il lui trace de cette façon plaisante la nouvelle voie qu'il doit suivre.

« Et maintenant, Feuilleton mon ami, à l'œuvre. Ne ressemble point à ces jeunes gens qui s'asphyxient parce que le monde se ferme devant eux ; la route est ouverte et la fortune est en marche. Ne ressemble pas non plus à ces riches replets de leur bonheur, qui ne voient pas au delà de leur ventre qui a faim et qui a soif, et qui ne jetteraient pas une miette de leurs lignes au pauvre auteur inconnu qui leur tend son œuvre. Sois grand et libéral envers les faibles, sois fier avec les puissants, sois juste avec tous. Non point que je te demande, ô mon Feuilleton, d'être un timide et sérieux narrateur des choses de ton domaine ; sois méchant si tu veux, le vice encombre les salons ; sois gai si tu peux, le ridicule court les rues ; sois franc si tu l'oses, il y a longtemps que la vérité se tait ; sois amusant si tu sais, la raison qui ennuie a perdu la morale ; sois varié, il le faut ; tu as tes entrées partout, dans le passé et dans le présent, en haut et en bas, à droite et à gauche ; tu as le droit de mettre des habits de toutes formes et de toutes couleurs : depuis la veste bleu de ciel galonnée d'argent du coureur, jusqu'au frac noir brodé de vert de l'académicien; tu peux te montrer un sifflet ou un compas à la main; tu peux être grave et plaisant, tu as le droit de parler de Châteaubriand, et tu es forcé de parler du plus infime vaudevilliste; ton empire est immense; va donc, ouvre tes assises, prends tes pinceaux, embouche ta trompette, écoute aux portes, regarde aux fenêtres, entre partout, et après cela juge, puis raconte, enseigne et vis en guerre. »

Que d'excellents et sage conseils dont le feuilleton d'aujourd'hui devrait bien se souvenir et tenir compte!

Les articles *Variétés* étaient signés Granier de Cassagnac, Méry, Alphonse Esquiros, Fiorentino, Chaudesaigues, Marquis de Custine, madame Gay, Léon Gozlan. Frédéric Soulié, qui traçait si bien au feuilleton ses devoirs, était chargé du compte rendu dramatique; Alexandre Dumas passait en revue le théâtre ancien et le théâtre moderne; Théophile Gautier faisait la revue des Beaux-Arts; deux jours étaient consacrés aux sciences et à l'industrie. Enfin le vicomte de Launay commençait cette série de *Courriers de Paris*, qui, plus tard réunis en volume, formèrent le plus curieux et le plus beau fleuron de la couronne littéraire de madame Émile de Girardin.

II

1836 — 1837

Caractère de la *Presse*. — Alibaud, son procès. — Opinion de la *Presse*. — Chute du ministère du 22 janvier et avènement du cabinet du 6 septembre. — Le *Mémorial de Sainte-Hélène*. — Napoléon et M. Molé. — Affaire de Strasbourg. — Commentaires de la *Presse*. — Trouble de M. de Girardin. — Attentat de Meunier. — Lettre de M. Fialin de Persigny, aide de camp du prince Louis-Napoléon. — Correspondance de la *Presse*. — Conduite de la *Presse* vis-à-vis le Pouvoir, le ministère et les Chambres. — Manifeste de la *Presse*. — Questions traitées par la *Presse*. — Sa partie littéraire.

La *Presse* semble tenir à rester fidèle à ces deux déclarations de son prospectus :

« Quelle admet sans examen la forme représentative établie et la royauté telle que l'a faite la Charte de 1830 ;

» Quelle ne sera obséquieuse ni agressive envers le Pouvoir, mais juste et vraie. »

En effet, elle n'attaque pas le Pouvoir, elle ne mine pas le ministère, les rouages administratifs paraissent à l'abri de ses coups ; elle ne laisse rien passer, et ne perd aucune occasion de signaler, de réprimander, de morigéner ; et à cette vigilance d'une sentinelle avancée; à son ton souvent aigre-doux, il n'est pas difficile de voir que cette feuille tient à poursuivre la mission qu'elle s'est donnée, qu'elle a la conscience de sa valeur, enfin que des griffes cachées pourraient bien se montrer un jour et égratigner l'épiderme qu'elle ménage encore.

Elle ne laisse pas échapper l'occasion que lui offre le procès d'Alibaud.

Pour accélérer la mise en jugement de ce régicide, la Cour des pairs, sans se conformer ni au code d'instruction criminelle, ni à la législation de 1835, décidant par elle-même, refusait à la défense le temps de se préparer. Cette brièveté dans les formes n'est pas du goût de la *Presse*; elle dit:

« Il est permis de souhaiter, quel que soit le crime reproché à un accusé, et celui d'Alibaud ne peut trouver grâce dans aucun esprit; il est permis de souhaiter, disons-nous, que lorsque les lois sont transgressées par un pouvoir qui se met au-dessus d'elles, les intérêts de l'humanité et de l'équité ne soient pas compromis.

» En toute circonstance, c'est une chose pénible, que de voir des juges refuser un délai que les lois accordent. En matière capitale cette rigueur est plus douloureuse encore.

» Fieschi fut posé sur un piédestal à la fois odieux

et ridicule ; on l'entoura de tant d'égards que l'opinion publique s'en indigna. Alibaud a commis un crime égal à celui de Fieschi ; les résultats de son action ont toutefois été moins nuisibles et moins meurtriers ; son attitude est aux yeux de tous plus énergique, et par cela même plus dangereuse peut-être ; mais certainement cet homme est moins digne de haine et de mépris. Selon nous le châtiment qui le menace et que ses aveux peuvent attirer sur sa tête est assez terrible pour que la sévérité d'une procédure exceptionnelle étrangère au code même de décembre (1835) ne dût pas être appliquée à cette cause, comme l'a ordonné l'arrêt préjudiciel rendu au commencement de la première audience. »

Au reste la *Presse* se plaît à constater que jamais cause politique ne fut peut-être accueillie avec de plus grands symptômes d'indifférence publique. La curiosité générale, émoussée sans doute, se montre froide et insensible ; il n'y avait aucune affluence aux abords du Luxembourg ; la force armée, la police y brillaient par leur absence.

Raison de plus de déplorer les procédés de la Cour des pairs.

Mais en outre une importante question s'agitait au sujet de la publicité des débats de cette Cour jugeant Alibaud comme auteur de l'attentat du

25 juin, car cette question touchait aux droits et aux franchises de la presse.

Dans un discours écrit, Alibaud s'était efforcé de motiver bien plus que de justifier son crime. Il y disait comment il envisageait les actes du gouvernement, et comment il comprenait sa position particulière envers le chef de l'État. Alibaud voulait et devait être entendu.

« Non, dit la *Presse*, que l'on ne peut soupçonner de mauvais vouloir, quelque infatigable que sera la persévérance de notre opposition, toutes les fois qu'elle nous paraitra juste, fondée et utile au pays, nous n'avons point cherché à nous dissimuler ce qu'à de délicat cette position. Certes après le péril d'une action coupable, il n'est peut-être pas de danger plus grand que l'apologie de cette action; mais l'apologie de l'acte coupable c'est la défense, la défense c'est un droit sacré; le moindre inconvénient était donc de supporter l'apologie; car le profit qu'un fatal sophisme peut tirer du maintien d'un principe nécessaire, ne doit porter aucune atteinte à ce principe. »

Le journal trouve que la Cour des pairs a manqué de déférence envers la presse; elle publie le rapport de son audience en racontant et reproduisant, tels qu'elle les a vus, entendus et recueillis, les faits qui ont eu lieu et les paroles qui ont été prononcées.

« Telle est et telle sera toujours, ajoute-t-elle, la modération de nos opinions et de notre langage, que, moins qu'à tous autres, à notre début et à cette occasion, il nous était permis de laisser suspecter notre indépendance par la soumission passive à un acte arbitraire. »

Ce courage de la *Presse* la dispensa de protester comme le *Messager*, qui avait laissé une place vide dans le compte rendu de l'audience où devait se trouver le discours d'Alibaud.

L'exécution d'Alibaud ne lui inspire aucune réflexion; mais en rendant compte de cette exécution, elle fait cette remarque :

« M. Thiers a été, dans le Conseil des ministres, du nombre de ceux qui, après avoir appuyé d'abord l'idée d'attacher au jugement d'Alibaud le moins de solennité possible, ont ensuite insisté pour qu'aucune grâce ne soit faite au régicide. M. Dupin s'étant rendu à Neuilly dans la journée du samedi, et le bruit ayant couru qu'il avait parlé clémence au roi, M. Thiers aurait, assure-t-on, dépêché immédiatement au château un certain nombre de pairs dévoués, qui ont demandé prompte et complète justice. On ajoute que le roi aurait répondu que déjà il avait eu à s'expliquer sur la question de clémence, et qu'il avait dû dire que *l'accomplissement de devoirs rigoureux l'emporterait sur de nobles sentiments.* »

Elle publiait également la note suivante :

» Il paraîtrait qu'Alibaud aurait confié à quelqu'un le double de sa défense, car un témoin oculaire nous affirme avoir entendu ces propres paroles de la bouche du condamné : — Les pairs se sont emparés de mon manuscrit; mais on n'y perdra rien, il sera publié. »

La *Presse* n'a point soutenu le ministère du 22 janvier formé et présidé par M. Thiers. Lorsqu'il est près de se retirer, elle dit que la retraite de M. Thiers et la dissolution du cabinet n'ont rien en soi qui doive surprendre.

Le nouveau ministère est constitué le 6 septembre; M. Guizot est à l'instruction publique, M. Molé aux affaires étrangères avec la présidence du conseil.

Tout d'abord la *Presse* reconnaît que le ministère de M. Guizot est impopulaire.

« Toutefois, dit-elle, et il convient de dire ceci pour être juste, cette impopularité des hommes qui se sont associés à M. Guizot, leur vient moins de leurs œuvres que de leurs ennemis, et repose beaucoup plus sur des préventions que sur des réalités. Néanmoins l'impopularité est flagrante;

comme nous disions, on ne peut pas la nier, et il ne faut point qu'à cet égard le ministère s'abuse. »

Après tout si la *Presse* n'a pas lieu de se réjouir, elle n'a pas non plus lieu de se plaindre. Elle déclare plus bas qu'elle aime mieux les ministères qui n'ont pas la popularité que ceux qui l'ont, par la raison que les premiers ont à la gagner, que les seconds ont à la perdre. Suivant elle, rien n'allume une sainte indignation comme la défaveur publique, surtout quand elle n'est pas méritée, et les hommes populaires sont communément des hommes finis.

A propos de M. Molé, elle rappelle le *Mémorial de Sainte-Hélène*, qui contient sur le nouveau président du conseil des ministres, ce jugement porté par Napoléon :

« Molé, ce beau nom de la magistrature, caractère appelé probablement à jouer un rôle dans les ministères futurs. »

« Le temps est venu pour M. Molé, ajoute la *Presse*, de justifier ou de démentir ce mot historique, au risque de subir d'injurieuses accusations. »

Cette année 1836 est fertile en tentatives de tout genre contre le Pouvoir. Le 1er novembre, un supplément extraordinaire du *Moniteur* répandait dans Paris cette dépêche télégraphique datée de Strasbourg :

Le général commandant la 5e division militaire à M. le ministre de la guerre.

Ce matin, vers six heures Louis Napoléon, fils de la duchesse de Saint-Leu, *qui avait dans sa confidence* le colonel Vaudrey, a parcouru les rues de Strasbourg avec une partie de...

N. B. Les mots soulignés laissent des doutes. La brume survenue sur la ligne ne permet de recevoir ni la fin de la dépêche, ni d'éclaircir le passage douteux.

Voyons maintenant comment la *Presse* apprécie ces événements.

» Il vient, dit-elle, de se commettre à Strasbourg l'anachronisme le plus triste et le plus instructif du monde.

» Comment se fait-il donc, grand Dieu! qu'il y ait des hommes assez peu sages, assez peu intelligents, assez peu habitués à penser pour ne pas comprendre que Napoléon était un homme et non pas un principe, et que cet homme étant mort, il n'était pas possible de le ressusciter ? Comment se fait-il que ceux qui ont vu le commencement de ce siècle n'aient pas remarqué que Napoléon et la France, s'étant alliés pendant dix ans pour opérer la réorganisation sociale, pour rapprocher et réunir les éléments civils et politiques que l'explosion révolutionnaire avait dispersés, ils se sont séparés l'un de l'autre quand l'œuvre commune a été achevée, que Bonaparte est redevenu Bonaparte, comme le royaume de France est redevenu le royaume de France, et que l'empire a même fini avant l'empereur?

» D'un autre côté c'est une chose bien triste à penser que le premier écervelé, et il y en a partout, qui séduira les vingt premiers soldats imbéciles, et il y en a toujours, est maître, pourvu qu'il n'ait rien de bon à faire en ce monde, et qu'il lui soit égal de se laisser couper la tête, de venir avec de l'artillerie vous surprendre tous les matins dans votre lit et de vous annoncer qu'il proclame Napoléon II ou Napoléon III, et de répéter ces invasions domiciliaires jusqu'à ce que la plaisanterie devienne insupportable, et que les envahis se réunissent pour emprisonner les envahisseurs.

La *Presse* ignore ce que fera le gouvernement. « Il lui semble qu'il n'y a pas lieu de lui donner, comme on le pourrait, un dénouement tragique : on enferme les fous, mais on ne les fusille pas. »

Le 26 décembre, veille de l'ouverture des Chambres législatives, le rédacteur en chef de la *Presse* est tout à coup saisi d'un trouble imprévu.

» Demain, dit M. Émile de Girardin, commenceront pour nous d'autres devoirs, qui rendront plus difficile et plus délicate encore à remplir la difficile et délicate fonction que nos principes en matière de presse nous ont imposé l'obligation d'accepter dans toute son étendue morale et dans toute sa rigueur légale.

» Membre de la chambre des députés, rédacteur en chef, signataire responsable d'un journal, les deux fonctions peuvent-elles se concilier sans nuire à la dignité de l'un et à l'indépendance de l'autre? Telle est la grave question que nous avons dû nous adresser à nous-mêmes, et c'est après l'avoir scrupuleusement méditée que nous l'avons affirmativement résolue. »

Peu s'en fallut que cette ouverture des Chambres qui donnait de sévères préoccupations à M. de Girardin ne fût retardée. Le lendemain 27, à une heure, au moment où le roi sortait des Tuileries pour aller ouvrir la session, un jeune homme nommé Meunier tirait un coup de pistolet sur la voiture de sa Majesté. Le roi n'a point été blessé, mais la *Presse* ne peut se contenir.

» Ces attentats contre la vie du roi qui se sont

succédé jusqu'ici, s'écrie-t-elle, ont excité à un égal dégré un sentiment d'horreur et un sentiment de crainte. Celui-ci ne mérite pas et ne rencontre pas une moindre exécration. La France a autant de mépris que les assassins peuvent avoir d'abominable résolution.

» Pour ce qui est du sentiment de crainte que ces attentats ont fait naître pour les jours de Sa Majesté, il nous semble qu'il ne faudrait pas s'en exagérer la légitimité, s'armer de pusillanimité contre le courage du roi, et de doute contre les desseins de la Providence. Il se peut que la suite des assassins ne soit pas encore épuisée, mais il se peut aussi que les passions se lassent d'être lâches et infâmes sans profit; et il nous paraît que dans le doute, une confiance prudente vaut mieux que la peur.

» Quoique l'attentat d'aujourd'hui ait malheureusement plus de réalité que celui qui empêcha la revue du 28 juillet, nous n'approuverions pas que le ministère fît violence à la noble fermeté et à l'immuable résignation du roi. La hardiesse est toujours une bonne cuirasse. Dailleurs Dieu sait ce qui doit arriver ; et il ne nous a pas donné le droit de douter de la protection qu'il accorde à la France. »

L'écho de l'indignation de la *Presse* retentit jusque dans son feuilleton.

« Ah ! mon Dieu ! quel pays !... s'écrie le vicomte de Launay (madame Émile de Girardin). Mais c'est affreux de vivre en France ; pas un jour de repos, pas une heure où l'on ose rire ; toujours craindre ou s'indigner, toujours s'apitoyer ou maudire, toujours des assassinats ; tous les six mois une exécution, cela devient monotone, en vérité. Depuis deux jours on n'entend de tous côtés que ces deux exclamations : les hommes s'écrient : C'est honteux ! Les femmes s'écrient : Pauvre reine ! Ah ! c'est un triste pays que celui où la royauté a toute la pitié d'un peuple. »

Malgré ce langage la *Presse* ne veut pas de violence et désire la grâce de Meunier.

Elle ne croit pas qu'il faille se mettre en frais de recherches pour trouver la cause principale du désordre qui forme des furieux ou des imbéciles à vouloir changer par la mort violente du roi la situation politique de la France. Ces folles et épouvantables tentatives ont pour elle des causes simples et logiques, et elle s'en prend au vieux libéralisme de la Restauration.

Nous sommes en 1837 : Voici ce qu'elle dit le 3 janvier :

» Il y a aujourd'hui une grande, une longue, une mauvaise queue de gens ennemis de la Révolution par un crime, la Charte de juillet? De la foi à l'œuvre, il n'y a que la différence de la volonté et du courage.

» Or, que faudrait-il persuader à ces énergumènes pour ralentir un peu leur stupide, leur criminelle précipitation? Le contraire de ce que leur enseignent les vieux journaux : c'est-à-dire que la lettre des constitutions n'a pas l'efficacité qu'on croit, et qu'il n'y a aucun gouvernement qui dispense ceux qui n'ont rien de travailler et d'économiser, s'ils veulent avoir quelque chose. »

La *Presse* cite ensuite *in extenso* les extraits des journaux qui flétrissent l'attentat de Meunier.

Tout ennemie qu'elle paraît-être dès lors du suffrage universel, elle parle sagement. Mais l'attentat de Meunier n'excite pas seul son amertume.

La clémence royale ayant mis hors de cause le prince Louis Napoléon qui a été embarqué au Havre pour l'Amérique, la *Presse* croit pouvoir sans crainte de nuire à la défense signaler un curieux document publié par le journal anglais *The Sun*. C'est une lettre d'un des accusés, M. Fialin de Persigny, aide de camp du jeune prince, qui déclare que Louis Napoléon « ne se présentait point à Strabourg comme » empereur, qu'il voulait seulement faire un appel » au peuple, l'inviter à reprendre sa souveraineté, de juillet comme ils avaient été ennemis de la Restauration, c'est-à-dire ennemis sans principes, sans modération, sans intelligence, sans calme, sans gravité, sans franchise, désirant aujourd'hui ce qu'ils désiraient autrefois, c'est-à-dire mille choses vagues, confuses, désordonnées, absurdes.

» Tous ces politiques à cerveaux creux et à passions inflammables continuent à poursuivre la forme de gouvernement qui réalisera leurs utopies, avec un flegme et un sang-froid qui affligent, et qui trouvent malheureusement un aliment dans la vieille presse. Pour cela rien ne leur a coûté; tant qu'ils ont pu, ils ont fait des émeutes; battus dans les rues, ils se sont réfugiés dans les sociétés secrètes; attaqués dans les associations, il se sont dispersés; et maintenant ils assassinent.

» Que veulent ces gens-là? Nous l'avons dit, une foule de choses déraisonnables, impossibles et inutiles; par quelles voies les poursuivent-ils? Nous l'avons dit encore : par la voie que le mauvais libéralisme leur a enseignée et leur enseigne; par les changements de constitution. Quand il y a des journaux qui disent que moyennant 200,000 électeurs de plus, la France serait florissante, pourquoi n'y aurait-il pas des individus qui auraient la même croyance, et qui chercheraient à ébranler, même

» et à déterminer dans une assemblée nationale la
» forme de son gouvernement. »

» L'indifférence de la garnison et de la population de Strabourg, ajoute-t-elle, a fait prompte justice de ces prétentions absurdes. »

Le même jour elle publie cette correspondance très-accentuée qui lui arrive de Strasbourg :

« Le nom autrefois magique de Napoléon n'est plus capable de remuer ni l'armée ni les masses. Il a été rendu ridicule à Strabourg ; or en France le ridicule est mortel.

» L'impression que la tentative du prince Louis a faite sur l'esprit des soldats et du peuple même, s'est bientôt traduite en lazzis, quolibets, épigrammes et ricanements. Dans les brasseries où l'on est très-expansif, j'ai entendu de mes oreilles, non pas à une seule société de soldats, mais à vingt, à trente sociétés, des conversations toutes plus ou moins dérisoires, soit sur la tentative elle-même, soit sur ses auteurs, notamment sur le prince même. On plaisantait sur son accoutrement imité du grand homme, sur l'exiguité de sa taille, sur ses harangues aux soldats ; enfin on riait et on ridiculisait le petit chapeau, relique tant vénérée et tant chantée dans les casernes, il n'y a pas encore beaucoup d'années... Le prince n'a pas trouvé la moindre sympathie dans la garnison, pas plus que dans la population... De ce qui s'est passé et de l'impression qui en est restée, tout le monde s'accorde à dire que la dynastie d'Orléans en a reçu une nouvelle force, puisque ceux qui pouvaient encore rêver l'Empire, en plaçant leur unique espoir dans ce jeune prince, qui commençait à être connu en France d'une manière à réveiller des espérances, doivent voir aujourd'hui que le grand nom de Napoléon ne peut plus être un épouvantail pour l'ordre de choses actuel. Ils s'y rallieront maintenant sans arrière-pensée, ou se jetteront dans d'autres partis. »

La *Presse*, nous l'avons dit, n'est point hostile au Pouvoir ni au ministère. Mais elle est sans cesse grondeuse et ne se lasse pas de signaler et d'avertir. Elle est surtout impatiente : comme César elle trouve que rien n'est fait tant qu'il reste quelque chose à faire. Toutefois il faut lui rendre cette justice que soit qu'elle blâme, ou qu'elle loue, son langage a un cachet de franchise qu'on ne saurait suspecter.

L'attentat de Meunier avait donné au discours du roi l'intérêt du danger qu'il avait couru. De tels évenements disposent naturellement à l'indulgence. La *Presse* elle-même cède à un bon mouvement le 6 Janvier, en disant :

« Le discours du roi a donné un exemple qui sera suivi, nous l'espérons, par la commission de l'adresse et par la Chambre. Tout est clair et précis dans ce discours ; point de périphrases laborieusement équivoques, nulle question laissée dans l'ombre, aucune de ces réticences qui ouvrent la porte à des milliers de commentaires contradictoires, et qui exercent pendant trois mois la féconde imagination des Œdipes de la presse.

» La franchise honore et affermit le gouvernement représentatif. »

Cet éloge est presque un baiser.

Le 27 janvier, elle trouve que « beaucoup de gens semblent n'avoir de souci que d'abaisser et d'affaiblir non-seulement les hommes du Pouvoir, mais le Pouvoir même ; ils le traitent comme on ferait d'un ennemi public dont il faudrait se délivrer à tout prix. »

La *Presse*, il s'en faut, n'est pas si douce pour le ministère et pour les Chambres.

Déjà le 14 décembre 1836, elle avait dit comme en secouant la tête :

« Les faits sont si graves et si tristes, qu'il font oublier les fautes. » Le 28 mars, à propos des tentatives pour changer ou pour fortifier le ministère, elle dit « qu'il est beaucoup question de personnes et fort peu d'idées. »

Le 2 et le 4 février, elle éclate contre la Chambre en ces termes qui justifient parfaitement, du reste, l'opinion des hommes politiques d'aujourd'hui sur le régime parlementaire du gouvernement de juillet :

« Voilà déjà plus d'un mois que la chambre des députés est réunie, et l'on se demande sérieusement et tristement où sont ses travaux.

» Tout le monde est douloureusement frappé de l'esprit mesquin, discutailleur et stérile de la Chambre. Ardente au bruit et au parlage, elle n'a pas plus de hâte qu'à inonder le pays de mauvais discours; viennent les affaires, elle les délaisse, ou les éternise par des façons d'incidenter, d'amender et d'accrocher qui gâteraient des conceptions sublimes, et qui doivent peu recommander des conceptions ordinaires.

» Il y a parmi nous une espèce d'adage déjà vieux qui prétend que de la discussion jaillit la lumière; à notre avis c'est une erreur. Une discussion n'a jamais converti personne. — Jamais un bon ouvrage n'a été fait à deux, à plus forte raison à quatre cents. »

Le 5 avril, M. Molé a échoué dans la formation du ministère; la *Presse*, favorable à M. Guizot qu'elle combattra plus tard à outrance, dit que « c'est à M. Guizot que revient la tâche de former un cabinet. » Elle adjure la chambre d'y regarder à deux fois, parce que le jour où elle renversera M. Guizot, elle élèvera M. Barrot. « M. Molé était hors de cause, ajoute-t-elle, il n'y a plus qu'à essayer les forces de M. Guizot. »

Le 16, MM. Guizot, Duchâtel, Persil, et de Gasparin sont remplacés par MM. de Salvandy, Lacave-Laplagne Barthe et de Montalivet. L'auteur du projet de loi d'apanage, M. le comte Molé, conserve la présidence du Conseil. La *Presse* semble regretter que le ministère ne soit point dissous. Ce replâtrage n'est pas de son goût. Aussi ne se fait-elle pas faute de rapporter ce mot du *Messager* sur le Cabinet modifié : « qu'il arrivait avec des nullités de plus et M. Guizot de moins. »

La *Presse* compte 15,000 abonnés. Par ses soudainetés, elle commence à étonner ses lecteurs. Le 5 mars on lit en tête de ses colonnes :

« Ce numéro est un dernier appel adressé à tous les hommes que leur raison et leur désintéressement tiennent indépendants des partis, et que la *Presse* ne compterait pas encore dans les rangs de tous ceux qu'elle a déjà ralliés. »

Voici la fin de ce nouveau manifeste :

» Nous ne sommes point du nombre de ceux que directement ou indirectement les ministres peuvent subventionner. Vienne dans l'intérêt du pays le jour de se montrer plus que qui que ce soit indépendant et sévère à l'égard des hommes du Pouvoir, et l'ocasion nous trouvera toujours prêts; nous pouvons hautement nous déclarer les hommes les plus indépendants de France, car nous méprisons également les subventions du Pouvoir et les adulations ou les calomnies des partis ; nous n'appartenons pas même à nos *propres passions*.

» La politique nouvelle dont la *Presse* est l'expression, est simple et facile; elle peut se résumer en peu de mots, car elle consiste tout bonnement à être franche, indépendante et impartiale, à repousser toute exagération, toute considération mesquine, tout esprit de coterie, tout égoïsme de parti, tout faux patriotisme; ce qui la caractérise enfin, c'est moins l'engouement toujours passager des *idées neuves*, que la passion des *idées justes*. »

Le 26 avril, la *Presse* applaudit à la commutation de peine octroyée par la clémence royale au régicide Meunier; le 20 mai, elle applaudit à l'ordonnance du roi qui accorde l'amnistie à tous les condamnés détenus pour crimes et délits politiques; elle éclate en enthousiasmes à la nouvelle de la prise de Constantine.

A partir de sa fondation, la *Presse* ne s'est pas occupée de politique seulement; toutes les questions à l'ordre du jour, elle les a traitées à fond suivant leur intérêt et leur opportunité. Quelques titres feront juger de l'importance de ces questions : *Des employés. Des pensions et retraites. — Histoire et organisation des classes ouvrières*, par M. Granier de Cassagnac. — *Du régime municipal en France depuis 1789. — L'administration des ponts et chaussées* etc.

Elle n'a pas discontinué d'être en butte aux attaques des journaux, républicains, vengeurs d'Armand Carrel. On l'a accusée d'être ministérielle ; on a jeté à la tête de son rédacteur en chef le reproche de vénalité; on a imprimé que son journal, organe spécial des grand personnages, lui valait une subvention de 100,000 francs. La *Presse*, faisant face à tant de coups portés à la fois de tous cotés, a répondu avec prestesse, fierté et dignité. Elle a fait son chemin sans s'effrayer du bruit ou de l'éclat. Tous les obstacles, elle les a renversés. Enfin, au bout de cette année 1837, elle est au rang des journaux les plus importants, c'est un organe avec lequel bon gré mal gré il faudra désormais compter.

La partie littéraire continue à se distinguer par le choix des matières traitées par les jeunes plumes en vogue. Parmi les noms nouveaux qui sont venus s'ajouter à ceux que nous avons cités dans notre premier chapitre, nous relevons ceux de Balzac, Eugène Sue, Scribe, Alphonse Karr, Eugène Pelletan et Capo de Feuillide. Peut-être s'étonnera-t-on de trouver ce dernier nom dans la *Presse*, à cause de tout le mal qu'il a voulu faire à cette feuille. Le roman n'a pas encore envahi le feuilleton, qui ne contient, outre les articles spéciaux, que des études et des nouvelles. Mais pour cela le roman n'est pas exclu du journal. On le débite en variétés. La *Presse* a déjà publié la *Vieille fille*, de Balzac, *Pascal Bruno*, d'Alexandre Dumas, *Judith*, ou la *Loge d'Opéra*, de Scribe, et les *Indépendants*, comédie en trois actes du même auteur.

III

1838 — 1839 — 1840.

Charme de la *Presse*. — Son jugement sur l'opposition. — Elle raille la coalition et M. Thiers. — Ses plaintes contre la Chambre. — La royauté et la situation. — Grande revue. — Satisfaction de la *Presse*. — Hubert à Boulogne. — M. Armand Laity et sa brochure. — Jugements de la *Presse* sur le parti bonapartiste. — La note de Lucerne. — Naissance du comte de Paris. — Conseils sur la situation. — Évacuation d'Ancone. — Démission du cabinet du 6 septembre. — Louanges de la *Presse*. — Encore la coalition et M. Thiers. — Insurrection. — Avènement du général Soult. — Procès Barbès. — Sa condamnation, sa grâce. — M. Émile de Girardin et M. Dujarrier. — Chûte du ministère. — Cabinet du 1er mars, Mazagran. — Le prince Louis Napoléon Bonaparte à Boulogne. — Darmès. — Le cabinet du 30 octobre. — Retour des cendres de l'empereur. — Mouvement de la *Presse*.

Heureuse année, l'année 1838! une des plus tranquilles du règne de Louis-Philippe. Pas la plus petite émeute dans la rue, pas le moindre petit attentat contre la vie du roi ou la sûreté de l'État. Deux procès politiques, dont l'opinion ne s'émeut guère, forment seuls le bilan des événements de cette année exceptionnelle. La *Presse* n'a ni à blâmer la mansuétude ou la rigueur du gouvernement; si elle dit son mot, c'est avec une extrême réserve. Fidèle soutien du parti conservateur, le ministère de M. le comte Molé trouve en elle un avocat infatigable, non moins habile, non moins redoutable que pas un de ceux qui sont aux gages de ses adversaires. Mais la fameuse coalition Thiers-Guizot-Berryer-Ledru-Rollin, à la tête de laquelle marche fièrement et bruyamment M. Thiers; mais l'opposition dynastique, dont le chef est M. Odilon Barrot, sont constamment en butte à ses coups redoublés; et pendant toute la durée de ce ministère cet aliment est d'un puissant intérêt dans la *Presse*.

Le 19 Janvier, elle caractérise en ces termes l'opposition :

« Sous la Restauration, l'opposition avait un but, et c'est là ce qui faisait sa force. Elle aspirait à l'agrandissement des libertés publiques et à l'amoindrissement de l'influence du clergé. Alors l'opposition n'était pas une négation, elle était au contraire une théorie très-affirmative; elle ne se payait pas de mots innocents, elle n'attachait pas une influence puérile à des classifications de bancs dans l'enceinte de la Chambre, et de grands enfants chauves et sur le retour ne laissaient pas vide la place de Manuel. »

Quelques réélections ayant donné à l'opposition

plusieurs membres influents, celle-ci faisait grand bruit de ce renfort.

« L'opposition fait sonner très-haut les victoires qu'elle vient de remporter dans quelques colléges électoraux. Fidèle à ses anciennes habitudes, elle généralise tant qu'elle peut, elle généralise jusqu'à l'absurde, et d'un petit nombre de faits particuliers elle tire une conclusion qui embrasse le pays tout entier. Le sixième arrondissement de Paris, c'est tout Paris, et Paris c'est toute la France. Trois ou quatre réélections qui augmentent les voix de la gauche, c'est une manifestation éclatante, irrécusable de tout le corps électoral. Ces nominations sont dues presque partout à une autre coalition dont on profite en secret, tout en la désavouant en public; n'importe: la France à prononcé intelligiblement et sans appel la condamnation du système ministériel. Une telle outrecuidance nous fait souvenir de ces sectaires qui annonçaient que l'espèce humaine allait accourir d'un pôle à l'autre sous leur drapeau, parce qu'ils avaient recruté deux ou trois douzaines de jeunes enthousiastes sur les boulevards de Paris; ils prenaient, dans leur naïve exaltation, l'enceinte de leur petite école pour les limites du globe! Ces sectaires étaient du moins de bonne foi; ils disaient des extravagances le plus sincèrement du monde; mais l'Opposition ne peut pas alléguer la même excuse, ou nous serions fort trompés. »

Le 16, elle se tourne vers la coalition :

« Le *Constitutionnel* laisse échapper aujourd'hui des airs de pétulance, qui trahissent le jeune sang infusé dans ses veines taries. M. Thiers y juge le ministère, et, comme on le pense bien, le portrait qu'il en fait n'est pas flatté. Un point sur lequel il aime surtout à revenir, c'est la défaillance du Cabinet. Il n'a pas assez de compatissance dans le cœur pour plaindre ce pauvre *petit ministère !* Mais à ce sujet, il est une question que l'on pourrait prendre la liberté d'adresser à M. Thiers: si le ministère est *petit*, que sont donc ceux qui se coalisent pour le renverser, et qui n'en peuvent pas venir à bout? »

Et le 18, elle décoche ces lignes perfides à l'adresse du généralissime de la coalition:

« Certes peu d'hommes ont donné en ces derniers temps plus de preuves de haute capacité que M. Thiers. Avec les talents qu'il a montrés et l'envie qu'il laisse voir de reprendre sa place sur le banc des ministres, il faut que sa légèreté d'humeur, son inconsistance d'idées, sa mobilité d'affection l'aient bien amoindri, disons le mot, bien déconsidéré aux yeux de l'opinion publique et de la Chambre, pour qui n'ait pas repris vingt fois le Cabinet d'assaut. »

Enfin le lendemain 19, elle pose à ses adversaires ces deux questions :

« Le pays est-il mécontent du ministère qu'il a ? La France a-t-elle donné mission aux orateurs du centre droit et du centre gauche de se réunir pour former un ministère ? »

« Nous ne le pensons pas, » repond-elle.

Le 24, c'est au tour de la chambre des députés.

« On entend dire de tous côtés : La Chambre ne marche pas, la chambre ne fait rien. Voilà déjà trois mois que la session est ouverte, qu'en est-il sorti ? Qu'en est-il sorti ? Des discours politiques, la plupart assez médiocres, assez rebattus, et c'est tout. Les propositions qui appartiennent à l'initiative parlementaire meurent l'une après l'autre, sans produire aucun résultat, sinon du temps perdu. Les lois d'intérêt matériel qui ont été si solennellement promises au pays, ces lois dont il attend la discussion avec une si vive et si juste impatience, restent ensevelies dans les bureaux, et semblent menacées d'un ajournement indéfini. Est-ce là un état normal ? sommes-nous dans les vraies conditions du gouvernement représentatif ? »

La *Presse* trouve que ces plaintes sont fondéees et que les travaux de la Chambre n'avancent pas. Elle se demande quelles sont les causes réelles de cette fâcheuse inaction. On dit partout que c'est la faute du ministère; la *Presse* prouve ainsi le contraire. On s'en prend au ministère; on prétend qu'il doit en un clin d'œil éclaircir tout ce qui est obscur; on voudrait l'entendre parler avec une autorité infaillible, lui voir faire des miracles! Reste à savoir si les ennemis du ministère étant au pouvoir, le pays s'en trouverait mieux.

Le 9 mai, on lit dans la *Presse*:

« Nous disions il y a peu de jours que depuis 1830, ce n'était pas la royauté qui avait jamais manqué à la devise de la révolution de juillet: la Charte sera désormais une vérité. — La royauté a voulu et voudra toujours les trois pouvoirs constitués. »

Et le 14:

« Oui, la situation est étrange; elle est fausse même; mais elle n'est pas alarmante; car elle est en révolte contre les vrais principes du gouvernement représentatif, et puisque ce gouvernement a su triompher des factions d'en haut, en 1830, et des factions d'en bas, en 1832 et 1834, il surmontera certainement bien les obstacles que lui suscitent des coteries sans prestige et sans consistance. »

Après ces phrases qui s'adressent à tous les partis, la *Presse* indique le mal. Partout dans les familles, dans les ateliers, on cherche à se rendre compte des anomalies que présente l'ordre public et les embarras parlementaires; le repos du pays et l'agitation de quelques personnes; la prospérité générale et des alarmes factices. L'opinion voyant que rien ne se fait et que rien ne se fera est mécontente. Ce symptôme est des plus graves; il devrait éclairer les esprits intéressés à la conservation du Pouvoir.

Le 9 juin, un incident du goût de la *Presse* vient faire diversion à cette polémique endiablée.

« Une revue des gardes nationales de Paris et de la banlieue et des troupes en garnison dans la capitale, est annoncée pour dimanche. Elle aura lieu sous d'heureux auspices; car du 7 mai 1837, époque de la dernière revue, au 10 juin 1838, une année se sera écoulée sans troubles sur aucun point du territoire; et c'est la première année qui, depuis 1830, est restée pure de tout désordre. »

La *Presse* constate qu'en portant ses fruits, l'amnistie a produit les résultats qu'on en attendait. Le calme règne dans le pays et la sécurité publique s'affermit de jour en jour. La garde nationale et l'armée se réunissent autour du roi pour jouir avec lui de leur courage et de sa sagesse.

Dans son numéro du 11, elle rend compte de la revue passée par le roi avec un enthousiasme qui touche au lyrisme. Elle est heureuse de voir les journaux de l'opposition eux-mêmes constater que la famille royale a été accueillie par de vives acclamations.

Hubert, arrêté à Boulogne le 8 décembre 1837, vient d'être condamné par la cour des pairs comme chef d'un complot dirigé non contre l'existence du roi, mais du gouvernement; mademoiselle Grouvelle et d'autres accusés à cinq ans de prison. La Cour des pairs va maintenant juger M. Armand Laity, ex-lieutenant d'artillerie, ancien élève de l'École polytechnique, pour publication d'une brochure intitulée : *Relation historique des événements du mois d'octobre 1836. — Le prince Napoléon à Strasbourg*. Si l'écrit de M. Laity renferme des expressions qui attentent au repos public, vu la mise hors de cause du prince, l'acquittement des accusés et l'amnistie, la *Presse*, trouvant qu'il y va de l'avenir de la révolution de juillet, approuvera la décision énergique et prompte du gouvernement.

Le 14 juillet, la cour des pairs condamne M. Armand Laity à cinq ans de détention et à 10,000 francs d'amende, aux frais du procès, et le place pour toute sa vie sous la surveillance de la haute police.

La *Presse* ne veut pas aggraver par des réflexions tardives le sort d'un condamné. Hier sa position lui interdisait une censure amère de son langage ; aujourd'hui sa condamnation réclame des ménagements. Seulement elle regrette que le prévenu n'ait pas suivi l'exemple et sans doute les conseils de son avocat en s'abstenant de digressions qui ne pouvaient améliorer sa cause. « On conçoit, dit-elle, on excuse une erreur; on repousse, on condamne un système. »

Maintenant détachons de la *Presse* cet avertissement qu'elle donne au parti napoléonien :

« Qu'ils ne s'abusent plus. Le nom de Napoléon n'est pas de ceux qu'il est permis à tout le monde de porter. Il faut que l'acte de naissance qui le donne ait été visé par la victoire et par le génie, pour être valable. L'habit vert, les grandes bottes et le petit chapeau ne vont pas à toutes les tailles. La plus grande gloire de l'empereur, c'est sa personnalité. Il n'y a pas de famille, il n'y a pas de dynastie après un tel nom, après une telle carrière. Les conquérants sont des accidents, heureux ou malheureux, dans l'histoire des nations; mais il est rare qu'ils fondent une famille durable. Leur vie écrase leurs héritiers. Napoléon est seul et restera seul de son nom. C'est la foi de la France entière. L'empereur apparaîtra à la postérité, isolé dans la série des rois de France, comme il l'était par son génie au milieu des hommes, comme il l'est au sommet de cette colonne dont tant d'armées forment le piédestal. »

Voilà une admonition bien sévère, qui cependant ne portera pas tous ses fruits.

Le 8 août, la *Presse* publie une *Note* de Lucerne, remise par l'ambassadeur français, M. le duc de Montebello, ayant pour objet de réclamer l'éloignement du prince Louis-Napoléon Bonaparte. Elle gourmande l'opposition, qui se plaint des rigueurs du gouvernement et crie à la persécution. Quant à elle, la trouvant très-motivée, très-opportune, elle approuve cette mesure contre un homme qui abuse de la qualité de citoyen suisse qu'il se donne comme passe-port.

Le 25, la *Presse* célèbre, avec un enthousiasme qui touche au lyrisme, la naissance du comte de Paris.

Le canon a retenti à trois heures, dit-elle. Chacun s'est mis à compter les coups. Quand le nombre fatal de vingt-un a été dépassé, on a entendu, de maison en maison, de famille en famille, courir avec satisfaction ce mot familier : « C'est un garçon !... Le *comte de Paris!* heureux nom !... Le *comte de Paris!* Ce nom est un nouveau lien entre la révolution de juillet et la monarchie d'août. »

La *Presse* est excessivement remuante et diserte. Elle, qui se plaint sans cesse du vain parlage des Chambres, ne peut garder le silence.

« La situation actuelle veut qu'on l'examine attentivement, dit-elle le 3 septembre.

» Elle est grave et elle ne l'est pas.

» C'est un lac dont la surface est agitée et dont le fond est calme.

» C'est une médaille dont la face est brillante et dont le revers est terne. »

Le 22, sous ce titre : *Des révolutions et des réformes*, elle examine si l'opposition, étant au pouvoir, tout irait mieux, et conclut pour la négative.

Le 22 octobre elle éclate en ces termes :

« En France, on ne saurait le répéter trop souvent :

» L'esprit de parti ose tout et ne peut rien.

» L'esprit public n'ose rien et peut tout.

» L'esprit public est aussi favorable à la liberté que l'esprit de parti lui est contraire.

» L'esprit public consolide l'ordre.

» L'esprit de parti perpétue le désordre.

» L'esprit public lève des armées, remporte des victoires, l'esprit de parti excelle à organiser des émeutes, à consommer des égorgements; l'un est le génie de la guerre civile, l'autre le génie de l'indépendance nationale. »

L'indifférence publique l'afflige. Elle termine ainsi :

« Aussi est-ce avec raison que J.-J. Rousseau écrivait : « Sitôt que quelqu'un dit des affaires de » l'État : « Que m'importe?... » on peut compter » que l'État est perdu. »

« Que faudrait-il pour ranimer en France l'esprit public éteint par l'esprit de parti? Réformer la presse. »

Le 13 novembre, elle se prononce pour l'évacuation d'Ancône que l'opposition traite de lâcheté.

Le 19 décembre, tandis que les journaux de la coalition sont unanimes pour déclarer que le discours du trône parle un langage qui a pour résultat d'humilier la politique de la France, la *Presse* trouve ce discours convenable.et ferme.

Cependant au commencement de 1839, et dès l'ouverture des débats, le ministère, protégé par le journal de M. Émile de Girardin, semble osciller, il n'est pas solide sur sa base; on s'aperçoit que les coups que lui a portés la coalition l'ont ébranlé, et que les coups qu'elle s'apprête à lui porter encore pourraient bien mettre son existence en péril.

La coalition, voulant à tout prix escalader le Pouvoir, avait choisi l'évacuation d'Ancône comme le champ de bataille le plus favorable à ses attaques. Sur cette question elle fut bien battue par le ministère qui, suivant la *Presse*, remporta sur elle un avantage décisif en rangeant la Chambre de son côté, et faisant décider l'évacuation d'Ancône. Mais le Cabinet n'avait vaincu qu'à une majorité de dix-huit voix.

Le lendemain, 16 janvier, la *Presse* se réjouit encore du nouvel échec de la coalition dans l'affaire suisse relative à l'éloignement du prince Louis-Napoléon. Elle se plaît à dire que deux membres de la commission d'adresse, MM. Passy et Guizot, « ont reconnu que le gouvernement avait eu raison de s'alarmer des menaces de Louis-Napoléon et des intrigues dont le château d'Arenemberg était le foyer. Ils ont avoué que la mission qui lui est confiée de maintenir l'ordre dans le pays lui faisait un devoir d'éloigner de ses frontières un homme qui avait déjà troublé l'ordre à Strasbourg, et continuait à abuser de l'asile qui lui était accordé dans un pays voisin pour réaliser ses coupables projets. »

Malgré ces assurances de la *Presse* et sa victoire dans le vote de l'adresse, le 22 janvier, le ministère remettait sa démission entre les mains du roi.

Loin de se décourager, la *Presse* constate que cette subite détermination du Cabinet a produit une vive impression sur la Chambre, dès que la nouvelle s'en est répandue; que les ministres démissionnaires ont été accueillis à la chambre des députés avec empressement, et qu'une énorme affluence se pressait le soir même dans les salons de M. Molé. Les 221 députés qui avaient voté l'adresse s'y étaient rendus.

Tous les moyens sont bons à la *Presse* pour anéantir ou disperser la coalition. Continuant de la harceler, elle attribue à ses manéges tous les malaises sociaux.

« Le commerce de Paris, dit-elle le 27 janvier, se ressent du contre-coup des discussions ministérielles; toutes les affaires se sont étroitement resserrées; la prospérité publique étant trop grande, il fallait qu'en la troublant la coalition se vengeât du ministère à qui la France doit 83 millions d'augmentation de recettes en vingt mois! »

Cependant la coalition victorieuse retentit en fanfares, et la *Presse* de s'écrier :

« La coalition, si fière de son triomphe, ressemble fort à ce conscrit qui s'écriait : « Caporal, j'ai fait un prisonnier. — Eh bien! amène-le. — Caporal, mais il ne veut pas me lâcher. Sire, s'écrie la coalition, j'ai bloqué le ministère. — Eh bien! prenez-le. — Sire, mais la majorité m'en empêche. »

« En quelques mots, voilà toute la situation. »

Elle s'en prend surtout à son chef, qui s'agite pendant la crise, qui, ainsi que le maréchal Soult, M. Molé et M. de Broglie, a été appelé au château. Le 24 décembre, elle avait déjà dit :

« Les prétentions politiques de M. Thiers vont chaque jour croissant : où s'arrêteront-elles? Il y a peu de jours l'ancien président du conseil du 22 février les bornait au département de l'intérieur, depuis hier M. Thiers n'admet plus d'autre présidence que la sienne propre jointe au département des affaires étrangères. M. le duc de Broglie est déjà exclu des combinaisons ministérielles qu'on fait et qu'on défait place Saint-Georges. Les renseignements qui précèdent nous viennent de personnes bien informées et dignes de foi. »

Le 14 janvier elle dit encore de M. Thiers qu'il « est le plus inconsistant, le plus léger des hommes d'État. » Et le 28 mars : « L'homme de la situation!... M. Thiers n'a été jusqu'à présent que le dissolvant de toutes les combinaisons auxquelles il s'est mêlé. »

Le 2 avril, elle publie sans commentaire l'ordonnance du roi qui nomme un cabinet intérimaire.

La *Presse* succombe donc avec le ministère; mais sa campagne contre la coalition restera célèbre dans les fastes du journalisme. Tout espoir n'est pas encore perdu, et M. Thiers sera longtemps encore poursuivi de ses rancunes.

Le 12 mai, Paris est en insurrection. Nouveau cabinet. Le maréchal Soult est aux affaires étrangères avec la présidence du Conseil. Évincé, le chef de la coalition s'éloigne de la scène politique. La *Presse* en prend occasion de dire le 24 mai : « M. Thiers paraît, pour le moment, renoncer à la politique active. Il va se mettre à écrire l'histoire de Napoléon. Cinq cents mille francs lui ont été, assure-t-on, offerts à cet effet par un libraire, et ces offres auraient été acceptées. »

Le procès des accusés des 12 et 13 mai s'est déroulé devant la Cour des pairs. La *Presse*, qui a jeté un blâme sévère sur les auteurs de ces troubles, sans le faire suivre d'aucune réflexion, publie le 15 juillet ce paragraphe :

« Le Conseil des ministres s'est réuni deux fois

hier, et une fois ce matin à Neuilly, pour délibérer sur l'exécution de l'arrêt de la Cour des pairs, qui condamne Armand Barbès à la peine capitale.

» Déterminé par la gravité du double crime dont Barbès a été reconnu coupable, le conseil a proposé au roi de laisser à la justice son libre cours.

» Mais le roi a persisté dans l'opinion contraire, et, usant de son droit constitutionnel, il a commué la peine de Barbès en celle des travaux forcés à perpétuité. »

A ce moment la *Presse* était sur le point de subir de profondes modifications. Ce journal avait été fondé au capital de 800,000 francs. Une clause de l'acte de société stipulait expressément l'obligation pour les gérants de liquider l'entreprise, dès que les trois quarts du fonds social seraient absorbés. Ce n'était pas sans de grands sacrifices si en moins de deux années on avait obtenu de si magnifiques résultats; aussi le plus vulgaire bon sens voulait qu'en présence d'une situation absolument prospère, une clause insérée dans le pacte social en prévision d'une ruine ne fût pas appliquée. Mais Dujarrier, un actionnaire nouveau, insista sur l'exécution de l'acte constitutif. La dissolution de la société fut donc prononcée, et le journal qui composait tout l'actif social, mis en vente, fut adjugé à

M. de Girardin conjointement avec Dujarrier, non pas moyennant *douze cents et quelques francs*, comme l'a dit alors un journal, le *Messager*, mais pour le prix de 127,361 francs.

Le 31 août, on lisait en tête de cette feuille.

« Le journal la *Presse* a changé aujourd'hui de propriétaires et de gérants, mais non de rédacteurs.

» Le nouvel administrateur-gérant est M. Dujarrier, ancien banquier, qui a été déclaré adjudicataire après le dépôt préalable, entre les mains du notaire, d'une somme de 200,000 francs, dont moitié est affectée au cautionnement de 100,000 francs exigé par la loi.

» Aucun changement n'est apporté dans le personnel de la rédaction, tel qu'il existe depuis juillet 1836, époque de la fondation de la *Presse*.

» Un traité confère à M. Émile de Girardin la rédaction en chef du journal et le choix exclusif des rédacteurs. La condition formelle de son acceptation ayant été qu'il conserverait la liberté la plus complète et l'indépendance la plus absolue, la responsabilité des articles lui reste conséquemment tout entière. »

Les ennemis de la *Presse* comptaient sur ce désastre. Mais loin de rien changer à la situation politique que M. de Girardin avait su lui donner, il ne fit au contraire que la consolider.

Le 24 décembre, la *Presse* trouve que le discours lu à l'ouverture de la session de 1840 est un des plus longs qu'on ait faits pour les solennités de ce genre, et que malgré son étendue il dit peu de chose.

Sous la monarchie de juillet, les discours du trône, paraît-il, se suivent comme les années, mais ne se ressemblent pas.

La Chambre ayant refusé une dotation de 500,000 francs au duc de Nemours, le ministère, présidé par le maréchal Soult, qui n'avait pas fait beaucoup de bruit, se retire le 20 février 1840.

« Le ministère s'est rendu justice, dit la *Presse*, le 22, en demandant au roi de le dispenser désormais d'une tâche au-dessus de son courage et de ses forces. Personne ne trouvera qu'il a été trop sévère envers lui-même. Jamais, depuis 1830, on n'a vu un Cabinet vivre et mourir si tristement. »

Qui n'admirerait la liberté d'allure et le langage de cette feuille?

« Voici une nouvelle crise ministérielle, dit-elle encore. Nous savons par expérience que cela veut dire un interdit général lancé sur les affaires, et une stagnation désastreuse jetée dans les intérêts. »

Le 1ᵉʳ mars M. Thiers reparaît au pouvoir comme président du Conseil. Le lendemain la *Presse* salue ce retour en ces termes :

« M. Thiers est chargé du portefeuille des affaires étrangères. Ce fait a de la gravité. Depuis quatre ans M. Thiers a combattu la politique de la France au dehors ; il a par là contracté l'obligation publique et solennelle de suivre une politique différente le jour où il arriverait aux affaires. Nous n'admettons pas qu'il puisse en être autrement. M. Thiers mériterait de tomber demain, s'il ne prenait le pouvoir que pour continuer purement et simplement les prédécesseurs qu'il a dénoncés à toutes les colères du pays. »

D'après son numéro du 5, le Cabinet avait été honoré de cet accueil flatteur :

« Le nouveau ministère s'est présenté aujourd'hui aux deux Chambres, dit-elle. Il y a été reçu avec une froideur remarquable. M. Thiers a pris la parole et a donné lecture d'un petit discours écrit qui, franchement, est fort au-dessous de ce qu'on pouvait attendre de lui. Il n'est pas un des ministres insuffisants que M. Thiers a poursuivis de ses attaques et de ses sarcasmes depuis trois années qui ne fût en état de faire aussi bien et même mieux. M. Thiers s'est efforcé d'effacer autant que possible la signification réelle de son avènement. Il y a dans son manifeste des phrases pour tout le monde. »

Et le 6, elle dit encore :

« Le manifeste de M. Thiers est accueilli ce matin dans la presse à peu près comme il l'a été hier dans les Chambres. Personne n'est satisfait, quoique beaucoup se croient en position d'espérer. Presque tous les journaux en blâment le langage à double tranchant. Les plus bienveillants ajournent aux grandes explications promises pour la discusion des fonds secrets l'expression d'une opinion définitive »

La politique n'absorbe pas la *Presse* au point de distraire son attention des événements particuliers, heureux ou malheureux, dont s'honore le pays.

Voici ce que nous lisons le 5 mars.

« L'héroïque résistance de Mazagran, attaqué par 12,000 Arabes et défendu par 423 Français, est un glorieux fait d'armes qui vient de donner lieu à des promotions assurément bien méritées. »

Le 10, une souscription pour élever, à Alger, une colonne sur laquelle seront inscrits les noms des braves de Mazagran est ouverte dans ses bureaux. Un tableau imprimé des souscripteurs sera délivré à chacun d'eux, avec une médaille destinée à perpétuer le double souvenir du fait héroïque qui aura motivé la souscription, et du sentiment patriotique qui l'aura fait ouvrir.

Le 3 avril, la *Presse*, pleine de sollicitude pour l'avenir de la monarchie, s'émeut à l'annonce du départ pour l'Afrique du duc d'Orléans, du prince de Joinville et du duc d'Aumale.

« Comment le ministère a-t-il consenti, dit-elle, à ce que trois des fils du roi allassent ainsi courir ensemble les chances d'une même expédition? Que ferait-on de plus, s'il s'agissait d'une guerre européenne d'où dépendrait le salut de la France? Sommes-nous sûrs de n'avoir à combattre des ennemis qu'en Afrique? »

Justement des bruits de guerre semaient alors l'alarme; les jeunes soldats disponibles étaient rappelés sous les drapeaux; la *Presse* elle-même publiait qu'une somme de six millions allait être employée en achats de chevaux et de matériel, et qu'un marché de sellerie montant à 1,700,000 francs venait d'être passé.

Mais voici bien autre chose! Louis Napoléon Bonaparte vient de débarquer à Boulogne. Le 8 août, la *Presse* publie la dépêche télégraphique qui annonce la nouvelle tentative du prince et son arrestation; elle publie également les rapports adressés au gouvernement sur cette affaire, et cite des extraits de quelques journaux anglais qui traitent M. Louis Bonaparte comme un écervelé, et déclarent que l'indignation contre lui n'est pas moins vive en Angleterre qu'en France. »

Toutefois la *Presse* ne s'égare pas dans ce dédale d'événements, de faits curieux ou étranges. Le 9 août elle s'exprime ainsi :

« Un journal explique ainsi la rupture de l'alliance avec l'Angleterre :

« La politique de M. Molé, en nous ralliant l'Autriche et la Prusse, empêchait l'Angleterre de rompre avec nous. La politique de M. Thiers, en nous aliénant l'Autriche et la Prusse, a amené la rupture avec l'Angleterre. »

Et elle publie une longue lettre, adressée à son rédacteur en chef, lettre non signée, il est vrai, qui constate que la *Presse* est le seul journal qui ne soit pas inféodé à M. Thiers.

Le 8 septembre des symptômes d'émeute se produisent dans Paris; les forces publiques sont déployées; on a battu le rappel. Bientôt le calme se rétablit, mais le feu couve sous la cendre. En effet, le 16 octobre, Darmès, tire sans succès sur le roi, au moment où Sa Majesté, retournant à Saint-Cloud, sortait du jardin des Tuileries, accompagnée de la reine et de madame Adelaïde. La *Presse* enregistre cet événement, sans le faire suivre d'aucune réflexion.

Le ministère se retire pour faire place au Cabinet du 30 octobre, présidé par le maréchal Soult, envers lequel la *Presse* se montre fort sobre d'éloges.

Le 2 décembre elle publie le rapport adressé au ministre de la marine par le prince de Joinville, commandant la frégate la *Belle Poule*, qui ramène en France le corps de Napoléon. Le 11, elle donne tous les détails de la cérémonie des funérailles. Enfin le 14, on lit en tête de ses colonnes les lignes suivantes :

« Trêve aux discordes ! paix un jour aux partis ! Silence à la polémique stérile et passionnée ; aujourd'hui la parole est au poëte dont la voix a pour accompagnement digne d'elle le canon de l'Hôtel Royal des Invalides et le bourdon de Notre-Dame. »

Ce paragraphe est suivi de deux pièces de vers : *Le retour de Napoléon*, par Victor Hugo ; *Le voici*, signé Barthélemy.

Pendant ces trois années, la *Presse* s'est constamment occupée des grandes questions sociales. Elle a publié sur ces graves sujets plusieurs séries d'articles importants, où elle s'efforce d'éclairer les esprits et de faire briller la lumière à tous les yeux.

La littérature a une part moins large dans le journal. Les variétés en sont absentes. Elle s'est tout entière réfugiée dans le feuilleton. Le roman y prend place. On y voit défiler successivement *Arthur, journal d'un Inconnu*, les *Aventures d'Hercule Hardi, Mathilde, Mémoires d'une jeune femme*, d'Eugène Sue; l'*École des Journalistes*, comédie en vers, signée Delphine Gay de Girardin; *Leo Burckart*, drame en prose, de Gérard de Nerval; *le Curé de village,* de Balzac. Des nouvelles, des articles de genre, la revue dramatique et le courrier du vicomte Charles de Launay coupent ces grandes publications sans les interrompre. Parmi les noms nouveaux, nous remarquons ceux de M. Alphonse Peyrat, Frédéric Gaillardet, Frédéric Thomas, marquis de Custines, général Bugeaud, Jules de Saint-Félix, Pétrus Borel, Pitre-Chevalier, Arsène Houssaye, Eugène Chapus, de La Landelle, Mesdames la comtesse d'Ash, Clémence-Robert, et Maria d'Anspach.

IV

1841 — 1842 — 1843

Réceptions et discours. — Coup d'œil rétrospectif de la *Presse*. — Le général Bugeaud favori de la *Presse*. — Fortifications de Paris. — Critique des vues de M. Thiers. — Idées de la *Presse*. — La politique de concessions. — La propriété des ouvrages de littérature. — Baptême du comte de Paris. — Procès politiques. — Événements de Toulouse. — Arrivée à Paris du 17ᵉ léger. — Agitation. — Troubles. — Poursuites contre M. Ledru-Rollin, député de la Sarthe. — Le droit de visite. — Mort du duc d'Orléans. — Ses funérailles. — Comptes-rendus de la *Presse*. — Insurrection à Barcelone. — M. Ferdinand de Lesseps. — Occupation des Iles Marquises. — Nouveaux discours. — Opinion de la *Presse* sur le Cabinet du 29 octobre. — Maintien du cabinet. — Tremblement de terre de la Guadeloupe. — Saisie du *National*. — Manifestation légitimiste de Londres. — Discours de la couronne. — Procès de la *Presse*. — Sa littérature.

Le 2 Janvier, la *Presse* enregistre, sans approbation ni désapprobation, les discours que l'archevêque de Paris, le comte d'Appony, au nom du corps diplomatique, le baron Pasquier, au nom de la chambre des pairs, et M. Sauzet, au nom de la chambre des députés, ont adressés au roi et ses réponses.

Le 4, elle fait l'histoire de l'année qui vient de s'écouler. Cette année, suivant elle, a été funeste à la France, non par la faute du Cabinet du 12 mai, conduit par M. Molé, mais par celle du ministère du 1er mars, dirigé par M. Thiers.

Le général Bugeaud est le guerrier de prédilection de la *Presse*. En toute circonstance elle l'a flatté et caressé ; elle a même donné place dans son feuilleton à des réflexions et des souvenirs militaires du futur vainqueur d'Isly. Il vient de succéder au maréchal Valée comme gouverneur-général de l'Algérie. L'opposition crie à l'injustice parce que le héros de Constantine est rappelé au moment où il allait recueillir le fruit de ses victoires et consolider sur d'inébranlables bases une conquête payée au prix de tant de trésors et de sang. La *Presse*, de son côté, trouve tout à fait injustes et intempestives les plaintes de l'opposition.

« Le nouveau gouverneur-général de l'Algérie, dit-elle le 5 janvier, ne pouvait échapper au sort de M. le maréchal Soult à qui les journaux de l'opposition font perdre et gagner tour à tour la bataille de Toulouse, suivant les besoins de leurs rancunes ou de leurs ambitions du moment. M. le général Bugeaud n'a pas trempé dans les manœuvres de la coalition ; dès lors M. le général Bugeaud n'a aucune des qualités de l'homme de guerre éminent ; ce n'est plus le chef attentif aux besoins de ses soldats et soigneux de leur bien-être, le commandant résolu, énergique, rapide : un journal à la dévotion du cabinet de la place Saint-Georges va jusqu'à insinuer que la nomination de l'honorable général au gouvernement de l'Algérie est le signal de l'abandon de la colonie. »

La Presse se demande ensuite si la situation de notre colonie est aussi florissante qu'il plaît aux journaux de M. Thiers de le dire. Les renseignements qu'elle donne à ses lecteurs, s'ils sont exacts, lui donnent raison contre ses adversaires.

Maintenant il s'agit de fortifier Paris. M. Thiers est président de la commission chargée d'élaborer et de présenter le projet de loi. Nous pensons que les sentiments qui ont divisé et qui divisent encore l'ancien ministre et la *Presse* n'ont influé en rien sur l'opinion que celle-ci formule dans son *Premier Paris* du 9. Nous la croyons franche et loyale, ses prévisions sont aujourdhui pleinement justifiées. Citons la *Presse*, nos lecteurs ne nous en sauront pas mauvais gré.

« Le projet de loi relatif aux fortifications de Paris paraît devoir être l'objet d'une discussion fort vive. Le gouvernement et la majorité de la commission ne sont pas d'accord, assure-t-on, sur le mode d'exécution, et, à vrai dire, il y a entre eux bien plus qu'une divergence accidentelle, il y a une immense question politique.

» Cette question n'est pas nouvelle; elle a même été déjà résolue. Mais elle venait sous une forme différente, et il est bon que tout le monde soit averti en France.

» Notre opinion sur la fortification de Paris est connue. Nous repoussons le projet de loi, non pas seulement dans telle ou telle disposition, non pas seulement exécuté d'une façon plutôt que d'une autre; nous le repoussons radicalement. Nous le repoussons en principe comme en fait avec les forts détachés comme avec l'enceinte continue. Entre le ministère et la commission notre esprit est donc parfaitement libre: il n'adhère ni aux vues de celle-ci, ni aux plans de celui-là.

» Mais, parce que nous nous tenons en dehors du débat, ce n'est pas une raison pour que nous nous abstenions de dire notre avis sur les deux opinions qui vont se disputer la majorité. Or, voici ce que nous en pensons :

» Étant admis le principe de fortifier Paris, il y a deux manières de procéder à ce principe.

» Dans le premier système, on n'a en vue ni une guerre immédiate, ni une guerre prochaine; on se met seulement en mesure contre les chances de l'avenir, chances qu'on ne provoquera pas, chances qu'on s'efforcera au contraire d'éloigner par tous les moyens compatibles avec la dignité et l'honneur du pays.

» Dans le second système, on travaille comme si l'on croyait à l'imminence d'une collision; avec le parti pris de la rendre inévitable, bien plus qu'avec le désir d'en prévenir les dangers.

» L'un est la conséquence logique d'une politique purement défensive et expectante, d'une politique qui tend au maintien de la paix, mais qui ne veut pourtant par rester désarmée contre la guerre, si la guerre éclate en dépit des honorables efforts qu'elle fera pour l'éviter.

» L'autre convient mieux à une politique qui ne songe à assurer la défense, que pour être plus libre dans l'agression; qui veut moins se faire respecter, que se donner les moyens d'attaquer plus impunément les autres.

» Les gens qui sont pour le premier système combineront l'éxécution des travaux de manière à ne pas épuiser les ressources financières du pays; ils procéderont sans fracas, sans jactance. avec méthode, commençant d'abord par fortifier les points les plus vulnérables, et ne s'occupant que successivement des ouvrages accessoires qui n'ont de valeur que comme complément d'un ordre d'opérations.

» Les gens qui sont pour le second système s'y prendront tout autrement. Pour eux, tout sera d'une égale urgence, le principe aussi bien que l'accessoire. C'est donc en bloc qu'ils voudront faire exécuter les travaux ; c'est par centaines de millions qu'ils puiseront dans le trésor. Périsse la fortune publique, pourvu que leurs projets s'improvisent dans l'ensemble comme dans les détails ! Comme pour l'accomplissement ultérieur de ces projets, il est nécessaire qu'une certaine effervescence soit entretenue en Europe, on s'attachera surtout à imprimer à ces travaux un caractère de menace et d'hostilité. On se donnera des airs de 92 ; on cherchera à intimider l'étranger par une *Marseillaise* de pioches et de moellons. Ce sera l'enthousiasme bruyant d'un peuple tourmenté par la fièvre des révolutions et de la propagande, et non le calme prévoyant d'un gouvernement régulier.

» Or, voilà précisément, au fond, le dissentiment qui divise le ministère et la commission présidée par M. Thiers... »

Mais ce que veut M. Thiers, il le veut bien. Le ministère et lui se mettent d'accord en se faisant mutuellement quelques concessions, que l'on donne comme une transaction, mais que la *Presse* appelle la capitulation de M. Thiers et de M. Barrot. Le ministère l'a donc emporté. Le gouvernement reste maître de désigner l'emplacement des ouvrages extérieurs et de faire durer ces travaux aussi longtemps qu'il le voudra.

La *Presse* suit de près la discussion du projet de loi par la chambre des députés, s'anime à mesure que cette discussion avance, et signale sans cesse les audaces et les mesures précipitées, dictatoriales de M. Thiers.

« C'est de sa propre autorité, dit-elle le 13 janvier, et séance tenante, sans avoir pris la peine de consulter ses collègues, que M. Thiers aurait abandonné les amendements demandés par la majorité de la commission des fortifications. M. Thiers a un immense intérêt à ce que les fortifications soient adoptées par les Chambres. Il a devancé arbitrairement le vote parlementaire. Par ses ordres, par simple voie d'ordonnance, de gigantesques travaux ont été commencés; des dépenses considérables ont été faites. Qu'arriverait-il si les Chambres ne sanctionnaient pas après coup les actes de dictature que M. Thiers s'est permis sans le moindre respect pour elles? Qu'arriverait-il, si elles ne couvraient pas par leur vote, si elles ne légitimaient pas les audaces de M. Thiers et son mépris de toute règle? Une redoutable responsabilité pèserait sur lui : ce serait l'arrêt de sa déchéance parlementaire et politique. Il deviendrait impossible qu'il se retrouvât désormais, comme ministre, non seulement devant la législature actuelle, mais encore devant toutes celles qui seraient le produit, la même personnification des mêmes éléments électoraux. L'avenir serait donc perdu pour l'ambition de M. Thiers. »

Le 14 elle dit encore.

« M. Thiers a lu aujourd'hui, à la chambre des députés, son rapport sur le projet de loi des fortifications. C'est un document d'une incommensurable étendue, tout bourré de citations empruntées pour la centième fois à Vauban et à Napoléon, de statistiques, de devis, de chiffres groupés avec cet art particulier à l'auteur. Il y a exorde, exposition, dissertation, péroraison. M. Thiers a fait un plaidoyer en règle, une véritable oraison *pro domo suâ*. Le défilé de toutes ces phrases alignées à la hâte n'a pas duré moins de trois heures. »

M. Thiers, dans son rapport, a particulièrement établi deux points.

Premièrement : la dépense ne doit pas s'élever au-dessus de cent quarante millions.

Deuxièmement : pour une ville de treize cent mille âmes, il est facile de procurer à Paris soixante jours de vivres. Un ennemi ne pouvant rester soixante jours devant Paris, les habitants ne seront donc jamais exposés aux terreurs d'un siège, aux horreurs d'un bombardement, aux douleurs de la faim.

Ces considérations toutefois paraissent très-secondaires à la *Presse*, car s'il était démontré qu'il fût prudent, qu'il fût utile, qu'il fût nécessaire de fortifier Paris, la dépense dût-elle s'élever à un milliard, cette somme ne serait pas pour elle une objection, et s'il fallait que pour sauver l'indépendance nationale, Paris souffrît toutes les calamités qu'impose un siége, elle serait des premiers à crier : Périsse Paris plutôt que la France !

Pour la *Presse* il n'y a de considérable que les dépenses superflues, de terrible que les dangers inutiles. Suivant-elle, fortifier Paris c'est affaiblir la France, c'est l'entretenir dans cette opinion exagérée d'elle-même qui tend à l'isoler, et qui a pour effet non d'accroître sa prépondérance, mais de la diminuer. Après s'être demandé quels sont les alliés et les ennemis naturels de la France, elle n'est pas davantage convertie.

Les dix articles sur le projet de loi sur les fortifications sont votés dans la séance du 1er février. Les amendements ont été éxécutés presque sans discussion. La *Presse* comptait sur une lutte plus vive.

Elle s'est trompée. Elle jugeait trop favorablement les divers partis qui s'agitent dans la Chambre. Elle les croyait composés d'hommes sérieux et conséquents. Elle est donc profondément désabusée. «Nulle part, dit-elle, nous n'avons vu de la franchise, de la logique, de l'esprit politique. Il n'y a eu qu'une fade comédie, où les votes et les paroles n'ont pas été un seul instant d'accord. »

Les idées de la *Presse* sur les fortifications de Paris sont parfaitement saines et pratiques, et sincèrement nous regrettons qu'elles n'aient point prévalu sur le système de M. Thiers. Nous n'aurions pas aujourd'hui cette ceinture de fossés, ridicule comme anachronisme, préjudiciable comme servitude militaire, et qu'il faudra bien combler plus tôt que plus tard.

Le 23 février, la *Presse* flétrit énergiquement la *politique* de concessions adoptée par le gouvernement, politique compromettante, frisant le déshonneur et pouvant conduire le Pouvoir à sa perte.

La chambre des députés, après avoir consacré onze séances à l'examen du *Projet de loi sur la propriété des ouvrages de littérature, de science et d'art*, le rejette à la majorité de cent cinquante quatre voix contre cent huit. « M. de Lamartine, l'illustre rapporteur de ce projet de loi, s'écrie la *Presse* qui avait prévu cette conclusion, s'est souvent élevé aux plus hautes considérations. A quoi tant d'efforts ont-ils abouti ? à montrer dans toute leur évidence ce que nous avons dit le 13 et le 14 février [1] :

» Le mot de *Propriété* pompeusement inscrit sur le frontispice du projet de loi n'est qu'un mensonge, car le seul article de la loi dans lequel ce mot ait trouvé place est un article égaré qui n'y doit pas rester.

» Le seul avantage qu'il offre, en résumé, pour les ouvrages de littérature, est une addition de dix années au terme fixé par l'article 39 du décret impérial du 5 février 1810. »

L'enthousiasme dont la *Presse* a fait preuve à la naissance du comte de Paris se serait-il éteint ? Elle ne dit pas un mot de son baptême qui a lieu le 1er mai.

Le procès relatif à l'attentat du 15 octobre commence le 24 mai. La *Presse* constate que les trois accusés, Darmès, Duclos et Considère, les deux complices, sont au-dessous du vulgaire et que jamais procès n'avait excité moins d'empressement.

---

1. Lettres sur *la propriété des ouvrages de littérature, de science et d'art*, adressées à M. de Lamartine par M. Émile de Girardin.

Elle publie le rapport de cette affaire qu'elle fait précéder de réflexions diverses parmi lesquelles nous distinguons celle-ci :

« Ce qui importe, ce n'est pas que Darmès soit condamné à mort et que sa tête tombe sous la main du bourreau, c'est que les principes qui lui ont mis une carabine à la main pour tirer sur le roi soient bien connus; c'est que tout ce qui ne veut ni échafaud, ni confiscation, ni meurtre, ni vol se forme une juste idée de l'ardeur avec laquelle le parti révolutionnaire poursuit contre le société son travail souterrain, pendant que nous discutons sans fin sur des motifs sans valeur... »

Le 29, Darmès est condamné à la peine des parricides; la *Presse* enregistre simplement l'arrêt de la Cour des pairs.

Le 13 juillet, la *Presse* rend compte des événements qui viennent d'éclater à Toulouse, événements qui ont donné lieu au départ précipité du préfet de la Haute-Garonne, M. Mahul, et à l'envoi du général Rulhières, investi du commandement de la division.

A cette époque, le recensement entretenait dans plusieurs contrées de la France une fermentation inquiétante. Cependant le 21 août la *Presse* disait « Toutes les nouvelles reçues aujourd'hui à Paris constatent que le recensement se fait partout sans exciter de nouveaux désordres. » Des faits graves devaient tromper les prévisions de la *Presse*.

Le 14 septembre on lit en tête de la *Presse* :

« Nous donnons ci-dessous tous les détails que nous avons recueillis sur l'événement qui a signalé l'entrée du 17e léger dans Paris. Nous les donnons sans commentaires. Que dire en effet qui ne soit déjà dans tous les esprits et dans toutes les bouches? De quels termes se servir pour caractériser cette horrible monomanie qui, après avoir poursuivi le Roi de cinq ou six tentatives d'assassinat, se tourne contre un de ses plus jeunes fils, contre celui qui, aux yeux mêmes des partis les plus hostiles, ne peut-être coupable encore que de s'être associé à tous les périls et à toutes les fatigues de nos braves soldats d'Afrique? Voilà donc la récompense d'un devoir noblement accompli! Ce n'est pas assez d'avoir exposé sa vie sur le champ de bataille aux balles des Arabes : le jour où l'on revient dans son pays, dans sa famille, avec abandon et confiance, le jour où l'on entre dans la ville que nous appelons la capitale du monde civilisé, le jour enfin où l'on croit pouvoir jouir d'un repos si bien mérité, ce jour-là il faudra encore redouter l'arme qu'un misérable, lâchement blotti dans la foule, viendra ajuster sur vous au détour d'une rue! Quelle société que celle où de pareils attentats ne seraient pas hautement et universellement flétris! Mais, pour aujourd'hui, laissons aux faits toute leur éloquence. »

La *Presse* reproduit un article du *Messager* qui donne les détails de l'attentat. A la hauteur de la rue Traversière, au moment où le 17ᵉ léger, ayant à sa tête le duc d'Orléans, le duc de Nemours et le duc d'Aumale, colonel dudit régiment, défilait dans la rue du faubourg Saint-Antoine, un coup de pistolet avait été tiré par un homme des groupes. Cet homme était Quenisset.

L'assassin avait manqué son coup. Le banquet préparé pour le 17ᵉ léger, pour les députations de tous les régiments de Paris et de la banlieue, ainsi que pour tous les officiers présents à Paris, ayant combattu en Afrique, eut lieu le soir dans le parc de Neuilly. Le roi ayant passé devant le front des troupes fut salué des cris de vive le roi! vive le duc d'Aumale!

Dans le même temps des troubles éclataient simultanément à Macon et à Clermont-Ferrand. «Ici, dit à ce sujet la *Presse*, ce sont des prédications politiques, là c'est le recensement, ailleurs enfin ce sont des intérêts particuliers qui en ont été la cause ou le prétexte. La société est travaillée de toutes parts par des excitations anarchiques; il ne faut donc pas s'étonner de ces mouvements qui y répondent. »

Des poursuites avaient été intentées à M. Ledru-Rollin, par la Cour royale d'Angers, à l'occasion du manifeste électoral du député de la Sarthe. Des députés de la droite et de la gauche s'étant réunis pour délibérer en commun, avaient arrêté qu'une protestation serait faite et signée par eux contre ces poursuites. Le *National*, faisant éclater sa joie par des applaudisements répétés, la *Presse* conservatrice trouve que son triomphe est au moins prématuré. En même temps elle engage les députés de la gauche à y bien regarder « avant de proclamer dans un acte extra-parlementaire, d'une légalité fort contestable, que les électeurs peuvent tout dire et tout entendre, que les candidats jouissent dans les colléges électoraux d'une liberté de parole dont les députés eux-mêmes ne jouissent à la tribune que sous le contrôle de l'assemblée à laquelle ils s'adressent. »

Le 25 novembre, M. Ledru-Rollin, déclaré coupable sur quatre chefs d'acusation, est condamné à quatre mois de prison et à trois mille francs d'amende. La *Presse* dit que, dès le principe, elle a vu avec peine les poursuites dirigées contre M. Ledru-Rollin, et que le succès de ces poursuites ne change pas à cet égard son opinion.

Le 24 décembre, Quenisset est condamné à la peine de mort. « La Cour des pairs a rendu aujourd'hui son arrêt, dit la *Presse*. Puisse-t-il compléter, pour les classes laborieuses, les enseignements qui sont sortis des débats! »

Au commencement de 1842, nous voyons l'opinion publique et les Chambres se déclarer contre le traité signé avec le gouvernement anglais sur le droit de visite. Le 6 mars, la *Presse* fait ressortir en ces termes la désapprobation générale et unanime :

« C'est un fait rare dans l'histoire d'un peuple divisé par les partis, que la manifestation qui vient d'éclater parmi nous au sujet du traité sur le droit de visite. Pour la première fois depuis longtemps, toutes les opinions, dans les Chambres et hors les Chambres, se sont trouvées d'accord pour protester en commun, au nom de la dignité nationale et des intérêts du pays menacés. Cette voix de tout un peuple, cette manifestation solennelle sera comprise en France, nous l'espérons. »

« Pourquoi le dissimulerions-nous? ajoute-t-elle. La signature de ce traité fut une faute grave; sa ratification, avec ou sans réserves, serait plus qu'une faute. »

Au reste, la conduite de nos voisins dans l'exercice du droit que leur conférait ce traité justifiait pleinement cette unanime désapprobation. Les Anglais ne se servaient du droit de visiter nos navires que pour pénétrer les secrets de notre marine marchande. Deux navires du commerce, la *Sénégambie* et le *Marabout* subirent de leur part des actes d'arbitraire dont le pays s'émut à bon droit. Les conventions si imprudemment rédigées et signées, si elles autorisaient la visite, n'autorisaient pas le pillage, n'autorisaient pas les mauvais traitements, n'autorisaient pas les croiseurs anglais à substituer sur nos navires saisis les couleurs britanniques à notre pavillon national.

Aussi la *Presse* s'empresse-t-elle de constater les sentiments des Chambres et du pays.

« La discussion sur le droit de visite, dit-elle le 21 mai, a continué dans la séance de ce jour à la chambre des députés. La séance a été vive et animée, et les vœux de la Chambre, les sentiments du pays contre le principe et les dispositions des traités de visite ont éclaté avec une vivacité nouvelle et l'unanimité la plus constante. »

Et le 22 :

« Il faut rendre justice à la chambre des députés : elle s'est élevée à une grande hauteur comme corps politique dans les deux dernières séances.

» Ces débats qui ont duré quatre mois et qui se terminent avec autant de résolution et d'énergie, ce spectacle, unique peut-être dans l'histoire des gouvernements constitutionnels, cet accord de tous les partis dans les deux Chambres, pour défendre un grand intérêt et un grand sentiment de dignité nationale, retentiront dans les deux mondes. L'Angleterre comprendra que la France n'est plus dupe de sa politique, n'est plus disposée à faire aucune concession à son esprit de domination, de quelques beaux prétextes qu'il couvre ses envahissements.

» La Chambre peut maintenant se présenter devant les électeurs : elle a bien mérité du pays. »

La *Presse* n'a qu'un regret : « celui d'avoir vu un noble et grand esprit (M. Guizot) malheureusement engagé par un sentiment généreux dans une voie contraire aux instincts les plus vrais et les plus légitimes de son pays... »

Elle prend occasion de déclarer qu'elle n'a jamais refusé « son estime et ses vives sympathies au caractère et au talent si élevé de M. le ministre des affaires étrangères. »

Les élections générales venaient d'avoir lieu; le pays était tranquille; on marchait en avant avec sécurité, lorsque le 13 juillet survint la catastrophe dont fut victime le duc d'Orléans.

La *Presse* exhale en ces termes sa douleur :

« Un grand malheur, un malheur plus imprévu, plus prompt que la foudre, car aucun éclair ne l'avait précédé, vient de frapper le roi sur son trône, le père dans sa famille, et va jeter la France dans la consternation, l'Europe dans l'anxiété ! L'héritier présomptif de la couronne, le fils du roi, le père de deux princes dont l'aîné n'a pas quatre ans, S. A. R. monseigneur le duc d'Orléans, a cessé de vivre aujourd'hui. Son sang a rougi la terre; mais rendons-en grâces à Dieu qui nous protége, il n'a taché aucune arme, souillé aucune main ! La France peut laisser tomber ses pleurs sans courber le front, le malheur dont l'épreuve, le châtiment peut-être lui est infligé, est exempt de crime heureusement! Quel temps que celui où une telle pensée peut déjà s'appeler une consolation!

» A midi, M. le duc d'Orléans, qui devait partir ce soir pour le camp de Saint-Omer, se rendait à Neuilly pour prendre congé du roi. Les chevaux de sa voiture se sont emportés. Le prince, qui se trouvait seul dans sa voiture, a sauté par la portière. Il est tombé d'aplomb sur ses pieds, mais le choc a été tellement violent qu'il a produit à la fois une fracture de la colonne vertébrale et par contre-coup un épanchement sanguin dans le cerveau et une rupture du cœur.

» A quatre heures, le prince, transporté sans connaissance dans une maison voisine, était mort assisté par M. le curé de Neuilly accouru en toute hâte. D'un côté du corps, la reine, baignée de larmes, à genoux sur les carreaux d'une boutique; de l'autre côté, le roi, ému, mais non troublé, dans l'attitude calme et résignée du chrétien, pour qui toute douleur nouvelle est un degré de plus qui l'élève à la hauteur des cieux.

» Rien ne saurait donner l'idée d'une plus grande majesté dans une plus grande douleur.

» La reine chancelante, appuyée sur le bras du roi, a voulu suivre à pied le corps de son fils placé sur un brancard porté par des soldats à la chapelle du château et escorté par un bataillon du 17ᵉ léger, en tête duquel marchait le duc d'Aumale.

» Derrière le brancard, pêle-mêle avec les membres de la famille royale, suivaient les ministres, des officiers de tous grades, des citoyens de toutes les classes, accourus à la nouvelle de ce sinistre événement. »

G.

L'événement du 13 juillet préoccupait douloureusement tout Paris, on peut même dire toute la France. Les théâtres firent relâche pendant deux jours : c'était un deuil public.

« La population de Paris a été admirable dans son attitude, dit la *Presse* du 16. La presse, en général, se ressent de cette disposition universelle : elle se montre pleine de sympathie pour la royauté; elle s'unit aux douleurs du père comme aux préoccupations du chef de la monarchie. En un mot, et nous le constatons à sa louange, elle a tenu à ne pas se mettre en dehors du sentiment public. Les journaux légitimistes sont à peu près les seuls qui n'aient vu dans le douloureux événement du 13 juillet qu'un thème de plus à exploiter. En cela les journaux légitimistes ont manqué de tact et d'habileté. »

Le 30, en rendant compte des funérailles, elle rappelle qu'en 1837 comme en ce triste jour, la foule se précipitait aux Champs-Élysées. Mais alors le duc d'Orléans était plein de vie, et l'on courait aux fêtes données à l'occasion de son mariage.

Vers la fin de l'année, les discordes civiles se rallumaient en Espagne. Plusieurs villes s'insurgèrent, notamment Barcelone qui subit toutes les horreurs d'un bombardement. Dans cette circonstance, le consul anglais, dont le gouvernement était dévoué à la régence d'Espartero, tint une conduite indigne des principes de philantropie hautement et orgueilleusement professés par l'Angleterre, conduite opposée à celle que suivit le consul français, M. Ferdinand de Lesseps [1]. La *Presse*, fidèle interprète de l'indignation publique que souleva par toute la France la conduite de l'agent anglais, la dénonce en ces termes le 11 décembre.

« Nous signalons aux gens qui croient encore à la philantropie de l'Angleterre, la conduite tenue à Barcelone par le consul anglais. Tandis que le consul de France, M. de Lesseps, digne représentant de sa nation, ouvrait ses vaisseaux aux Espagnols de tous les partis qui voudraient fuir les ravages du bombardement ou les vengeances du patron de Zurbano, le consul anglais, lui, en s'excusant auprès du capitaine-général d'avoir joint sa signature à celle de ses collègues pour obtenir un délai du bombardement, lui annonçait qu'il avait ordonné aux vaisseaux anglais de ne pas donner asile aux sujets espagnols qui voudraient s'échapper de Barcelone. Ainsi, tandis que l'Angleterre appor-

---

[1]. Président fondateur de la compagnie universelle du canal maritime de Suez.

tait à Espartero les munitions nécessaires pour mitrailler la population de Barcelone, elle refoulait dans les rues de cette ville et sous les bombes qu'elle avait préparées, les malheureux qui demandaient asile à ses vaisseaux. Voilà l'humanité de l'Angleterre, voilà comme elle applique les principes du droit des nations civilisées! Il était bon que l'Europe reçut ce nouvel enseignement. »

Si la *Presse* flétrit volontiers des actes entachés d'inhumanité et de déloyauté, elle se plaît à rendre justice à ceux qui s'inspirent dans les circonstances graves des sentiments de dignité et d'humauité dont s'honore la France. Voici ce qu'elle dit le 14 :

« La France avait à Barcelone un consul pénétré des sentiments qui l'animent, et par qui elle a été dignement représentée. Tandis que les Anglais débarquaient les munitions destinées à changer Barcelone en ruines, le consul de France contenait pendant trois jours la férocité de Van-Halen, il retardait le bombardement, il ouvrait ses vaisseaux à toutes les têtes menacées de proscription, il quittait le dernier le rivage qui allait devenir le théâtre de tant d'horreurs, et, l'acte de vandalisme accompli, il accourait le premier, à la tête de trois cents braves marins de notre armée, éteindre l'incendie, panser les plaies que le chef indigne d'une noble nation venait de verser sur son peuple, remplissant ainsi jusqu'au bout sa mission d'humanité et de paix.

» Honneur à lui! Il a manifesté d'une manière éclatante les sentiments qui animent la France tout entière à l'égard de l'Espagne! L'Espagne, rendue à elle-même, en tiendra compte à la France. »

Et le 17, elle s'empresse de reproduire ces lignes du *Messager* :

« Le Messager annonce, ce soir que M. Ferdinand de Lesseps, consul de France à Barcelone, a été promu, par ordonnance de ce jour, au grade d'officier dans l'ordre royal de la Légion-d'Honneur. Nous approuvons vivement, la France entière approuvera cet acte du gouvernement. Dans les circonstances actuelles, c'est plus qu'une justice, c'est une noble réponse aux calomnies des journaux officiels d'Espagne et d'Angleterre. »

Le 18, la *Presse* annonce, d'après les documents publiés par le *Moniteur*, l'occupation des îles Marquises par le contre-amiral Dupetit-Thouars, en faisant observer que c'est le 1er mai, jour de la fête du roi, qu'a eu lieu la prise de possession.

Cette conquête lointaine, qui vient clore l'année 1842, fait une heureuse diversion au triste événement du 14 juillet.

L'année 1843 est peu fertile en événements et en discussions politiques d'une haute portée. Il ne faut pas s'en plaindre : c'est un signe de calme et de prospérité.

Voici ce que le 10 janvier la *Presse* dit à l'occasion de l'ouverture de la session :

« Le discours prononcé aujourd'hui par le roi dit convenablement et d'une manière quelquefois heureuse, les choses qu'il avait à dire en pareille circonstance. Le souvenir de la mort à jamais regrettable de M. le duc d'Orléans n'y occupe que la place qu'il était juste de lui donner, et la trop légitime affliction du roi s'y montre, sans que le cabinet paraisse vouloir abriter sa politique derrière un cercueil aujourd'hui fermé... La prise de possession est présentée sans emphase. Elles doivent former une station maritime, appui et refuge pour nos navigateurs ; on ne doit pas en faire, comme le bruit en a couru, un lieu de déportation. »

Le 31 janvier, elle annonce que la discussion générale de l'adresse a été close à la chambre des députés après quelques discours sans importance.

Malgré l'apparence de stabilité du cabinet du 29 octobre, l'opposition n'avait pas perdu tout espoir d'arriver aux affaires. Elle manœuvrait en conséquence; ce qui fait dire à la Presse le 1er mars :

« L'opposition veut renverser le ministère. Qu'elle le renverse si elle le peut; c'est sa besogne, ce n'est pas la nôtre; comme le *Siècle* l'a dit si judicieusement : « La majorité décidera. »

« Le ministère du 29 octobre, on le sait, n'est pas l'expression exacte de nos idées; il croit que l'immobilité sauve les gouvernements, nous croyons qu'elle les perd; il croit que l'alliance de l'Angleterre est utile à la France, et nécessaire à la conservation de la paix; nous professons, nous, l'opinion absolument contraire, nous pensons que c'est cette alliance qui empêche la France de prendre en Europe le rang de puissance maritime de premier ordre qu'elle devrait avoir, et de remplir le rôle de grande nation continentale essentiellement pacifique, et cependant progressive qui est dans sa destinée, destinée si mal comprise par tous nos hommes d'État. »

L'opposition faillit triompher. L'échec qu'elle subit dans sa lutte inspire ainsi la Presse le 4 mars :

« La majorité a décidé. Une majorité considérable, une majorité de 45 voix s'est enfin prononcée, après trois jours de lutte, en faveur du maintien du Cabinet. Ce vote de confiance donne au ministère une grande force; qu'il ne lui donne pas de présomption, que l'ivresse d'un grand triomphe ne lui fasse pas oublier imprudemment le vœu des Chambres et du pays! Tel est le souhait que nous formons et que nous nous bornerons ce soir à exprimer.

» Disons seulement que pour que rien ne manquât à l'éclat de ce vote, vingt membres de la gauche n'ont pas eu honte de réclamer le scrutin secret! Se cacher pour voter contre un ministre que l'on vient d'accuser à la tribune de compromettre le pouvoir par l'excès de son impopularité, n'est-ce pas tourner contre soi-même l'arme destinée à frapper son adversaire? N'est-ce pas se donner à sa propre face un sanglant démenti? N'est-ce pas se couvrir de ridicule? Quand une opposition commet de tels actes d'inconséquence et de pusillaminité, est-il étonnant qu'elle tombe dans le mépris de tous les hommes de bon sens et de bonne foi, et qu'ils ne veulent avoir avec elle rien de commun? N'est-il pas tout simple que là où elle a jeté une boule blanche, ils tiennent à honneur de mettre une boule noire? »

Cette année 1843 se serait écoulée fort paisiblement sans le tremblement de terre de la Guadeloupe, qui eut lieu le 8 février. La *Presse* en donne la nouvelle en publiant les rapports parvenus en France. Ces documents ne mentionnent que des ruines et ne peuvent fixer le chiffre des morts. En présence d'un désastre que nulle force humaine ne pouvait ni prévoir ni empêcher, la *Presse* se borne à s'adresser aux sentiments d'humanité dont la France est toujours animée dans ces circonstances terribles et navrantes.

Une vive discussion venait de s'engager dans la *Presse*, à propos de la saisie du *National* qui eut lieu à la suite d'une plainte en diffamation portée contre lui par un honorable membre de la chambre des députés. La *Presse* dit à cette occasion :

« Nous intervenons à regret dans cette discussion, moins par égard pour la position du *National* qui nous a dispensés envers lui de toute réserve en plaidant contre nous avec tout l'acharnement de l'esprit de parti à l'occasion d'un procès que nous soutenions il y a quelques jours, que parce que nous constatons avec une égale peine l'abus et la négation des facultés attribuées par les lois à la justice pour la répression des délits. »

A la fin de l'année une manifestation légitimiste eut lieu à Londres. L'ouverture de la session de 1844 donna occasion de répondre à cette manifestation. La *Presse* du 28 décembre fait remarquer que les cris de : vive le roi! semblaient plutôt s'adresser à M. Berryer qu'au souverain. Elle dit ensuite du discours :

« Des murmurs approbateurs l'ont interrompu à plusieurs reprises; il est rédigé avec une simplicité et une précision qui lui donnent de la grandeur et de la fermeté. Il dit beaucoup en peu de mots, peut-être même un peu trop, car il ne suffit pas d'annoncer un résultat pour qu'il soit obtenu. Cependant nous ne le tairons pas, nous préférons l'autorité qui affirme à l'autorité qui élude. Affirmer c'est s'engager, et nous aimons que le pouvoir s'engage et ne doute pas de lui-même. »

Pendant cette période de trois années, la *Presse* eut deux procès à soutenir. Le premier lui fut fait par la *Gazette de France*, pour refus d'insertion; le second par le *Journal des Débats*, pour la nouvelle partie de la *Presse* ayant pour titre *Bulletin des Tribunaux*.

Elle a traité à fond toutes les grandes questions politiques et sociales. La littérature décidément confinée dans le feuilleton est toujours signée des noms les plus retentissants et les plus à la mode. On y voit défiler successivement : *La chasse au Chastre; Sylvandire*, d'Alexandre Dumas; *Le plus beau rêve d'un millionnaire*, de Léon Gozlan; *Les deux frères*, *Un mariage de garçon*, *Honorine*, de Balzac; *Le Rhin*, de Victor Hugo; *Héva*, de Méry; *L'hôtel Lambert*, d'Eugène Sue, etc, etc. Le feuilleton théâtral est constamment rédigé par M. Théophile Gautier. Le salon de 1841 est signé Eugène Pelletan; ceux de 1842 et de 1843, Daniel Stern.

V

1844 — 1845

Coup d'œil de la *Presse* sur la chambre des députés et la chambre des pairs. — Sa tendresse pour le calme politique. — Son opinion sur le projet d'adresse de la chambre des députés. — Le monument de Molière; craintes de la *Presse*. — Désaveu de l'amiral Dupetit-Thouars; opinion de la *Presse*. — Mort de Jacques Laffitte. — Bataille d'Isly; chants de la *Presse*. — Mogador. — Le discours du roi à l'ouverture de la session de 1845. — Indemnité Pritchard. — M. Ledru-Rollin et sa proposition. — Disgrâce de M. Guizot; la *Presse* poursuit le ministère et la chambre des députés. — Les Jésuites; polémique du *Siècle* et de la *Presse*. — Le *Globe*, l'*Époque*. — Disgrâce du maréchal Bugeaud. — Partie littéraire de la *Presse*.

Le 4 janvier 1844, la *Presse* constate que la discussion de la veille dans les bureaux de la chambre des députés, discussion qui a donné lieu à la nomination de la commission de l'adresse, s'est ressentie du calme qui règne dans la situation politique du pays; que cette discussion n'a soulevé aucun débat passionné, aucune question qui puisse menacer l'existence du ministère; mais elle a paru empreinte d'un sentiment de regret très-remarquable au sujet de certaines expressions du discours de la couronne, relativement à l'Angleterre. « La Chambre, dit-elle, a été évidemment frappée, comme nous l'avions été nous-mêmes, de l'affectation avec laquelle le ministère avait exprimé sa confiance pour le gouvernement de la Grande-Bretagne, et elle y a répondu, comme nous, par un sentiment non équivoque et à peu près universel de défiance. »

Le 9, la chambre des pairs ayant terminé dans une seule séance la discussion sur le projet d'adresse, la *Presse* applaudit au dernier paragraphe, jusqu'à ces mots : « *La France lui a promis fidélité.* » Ce paragraphe « est chaleureux, dit-elle; il témoigne d'une sympathie vive et éclairée pour la dynastie a laquelle le salut de la paix, de l'ordre et de la liberté en France est désormais attaché. Après ce qui s'est passé (les scènes de Belgrave-Square) cette manifestation suffisait. »

Quant à la dernière ligne : « *Le roi a tenu ses serments; quel Français pourrait oublier ou trahir les siens?* » La *Presse* trouve que cela ne dit rien à l'esprit. « C'est, dit-elle, un trait lancé de côté à l'adresse de gens qu'on a l'air de ne pas attaquer en face. »

La *Presse*, si remuante et si pétulante, est cette fois pour le calme; elle y tient; elle le veut à tout prix. Écoutons-la le 12 :

« Ce qui se passe aujourd'hui en France donne un

éclatant démenti à ceux qui prétendent que le gouvernement représentatif entretient l'agitation des esprits, et que le repos des sociétés est incompatible avec la liberté des peuples. Il n'y a pas depuis quelque temps, en Europe, un état qui soit moins agité que le nôtre par les préoccupations politiques, par les luttes de parti et de système; et si ce calme universel se prolonge encore, la France, avec ses institutions libres n'aura rien à envier, même à cet égard, aux gouvernements absolus. L'absence de toute émotion politique est tellement complète, que l'ouverture même de la session, cette crise annuelle des gouvernements constitutionnels, n'a pu ranimer les querelles éteintes. »

Aujourd'hui, nous nous étonnons que la *Presse*, ordinairement bien inspirée, n'ait pas tiré un mauvais augure de ce calme plat quelle signale avec tant de complaisance; car l'indifférence politique a toujours été un signe précurseur de bouleversements plus ou moins prochains.

Le 13, la *Presse* ne se montre pas aussi satisfaite du projet d'adresse de la chambre des députés, en réponse au discours du roi. Elle trouve ironiquement que « quelle que soit l'opinion qu'on ait de la valeur littéraire et politique de cette réponse, on conviendra qu'elle pouvait facilement être faite en moins de temps que la commission en a mis à la préparer, à la délibérer, à la rédiger. »

Pour notre compte, dans cette appréciation du projet d'adresse, nous relevons cette déclaration au moins implicite :

» Nous sommes, en principe, favorables au retour périodique de vœux stériles en faveur de la nationalité polonaise. »

Le dernier paragraphe, qui est une réprobation de la manifestation légitimiste de Londres, ne lui paraît pas avoir un caractère vraiment significatif. La protestation de la Chambre eût été plus dédaigneuse, plus digne, si elle se fût bornée à faire suivre cette phrase : « Les droits de votre dynastie demeurent » placés sous l'impérissable garantie de l'indépen- » dance et de la loyauté de la nation, » de ces paroles du roi : « Les vaines démonstrations des fac- » tions ne font que constater leur impuissance. »

Gardez-vous de croire à la sécurité de la *Presse* : elle n'a rien de durable. Nous sommes au 15 ; quelques jours à peine se sont écoulés depuis qu'elle a exalté le calme, lisons le début de son *premier Paris* :

« Ce ne sera pas la faute des feuilles radicales si la cérémonie de l'inauguration du monument de Molière n'est pas l'occasion d'une démonstration factieuse de la part des élèves des écoles. Depuis quinze jours aucun bruit, aucun argument ne sont épargnés pour exciter les esprits et amener, tout en feignant de la craindre, une collision entre la police et la jeunesse. On a prétendu d'abord que le clergé s'opposait à l'inauguration projetée; forcé d'abandonner cette fable, on a soutenu que le pouvoir voyait avec peine les honneurs rendus au grand poëte et qu'il interdirait toute cérémonie publique. Aujourd'hui c'est plus directement et en s'adressant à ces instincts inconsidérés de résistance, qui furent si bien exploités à une autre époque, que l'on provoque des manifestations turbulentes, tout est bon pour les partis vaincus, et il y a, d'ailleurs, si longtemps que les demeurants du radicalisme n'ont pu jouir des enivrements de l'émeute! Un peu de désordre viendrait si bien pour ranimer leur polémique épuisée! Il en pourrait coûter cher, comme cela vient d'arriver à la suite du rassemblement de Passy, quelques peines correctionnelles portées contre les étourdis qui s'y seraient laissé prendre, quelques carrières perdues par suite de condamnations universitaires; mais qu'importe! La république aurait prouvé que l'esprit de résistance aux lois n'est pas éteint dans notre pays, et elle récompenserait ceux qui auraient payé de leurs personnes pour cette démonstration, en les inscrivant au nombre de ses héros. »

Les prévisions de la *Presse* furent heureusement démenties par l'attitude reservée de la foule pendant la cérémonie d'inauguration.

Un épisode dont le théâtre était plus éloigné fixa bientôt l'attention publique. L'amiral Dupetit-Thouars, par un acte de vigueur et sans y être formellement autorisé, prit possession, à titre provisoire, des iles Marquises et des iles de la Société (Noukahiva et Taïti) situées dans les mers du Sud. Cette occupation, convertie plus tard en protectorat, avait froissé quelques sujets anglais, et, entre autres, un missionnaire protestant nommé Pritchard qui, à cette qualité, joignait celles de consul et de marchand. C'en fut assez pour élever entre l'Angleterre et la France un nuage.

Le 27 février la *Presse* donne cet extrait du *Moniteur*.

« Le gouvernement a reçu des nouvelles de l'île de Taïti en date du 1er au 9 novembre 1843.

» M. le contre-amiral Dupetit-Thouars, arrivé dans la baie de Papeiti le 1er novembre pour exécuter le traité du 9 septembre 1842 que le roi avait ratifié, a cru devoir ne pas s'en tenir aux stipulations de ce traité, et prendre possession de la souveraineté entière de l'ile. La reine Pomaré a écrit au roi pour réclamer les dispositions du traité qui lui assurent la souvevaineté intérieure de son pays et le supplier de la maintenir dans ses droits. Le roi, de l'avis de son Conseil, ne trouvant pas dans les faits rapportés de motifs suffisants pour déroger au traité du 9 septembre 1842, a ordonné l'exécution pure et simple de ce traité et l'établissement du protectorat français dans l'ile de Taïti. »

Voilà ce quasi-désaveu qui fit tant de bruit alors, et au sujet duquel tant de discours plus inutiles qu'éloquents furent prononcés dans les deux Chambres.

« Ce que le *Moniteur* n'annonce pas, dit la *Presse*, mais ce qui n'est pas moins officiel, c'est l'envoi d'une corvette portant l'ordre de rappel de M le contre-amiral Dupetit-Thouars. »

La *Presse* dit ensuite qu'il est impossible que le ministère ait pris si légèrement une si grave détermination. Le 29, elle déclare ne vouloir juger qu'en connaissance de cause le rappel du contre-amiral Dupetit-Thouars, et l'acte par lequel il a pris possession de Taïti au nom de la France. Le brave contre-amiral a peut-être été désavoué à tort; il se peut que son zèle ait oublié un moment les droits de son pays. La *Presse* n'approuve pas le rappel du contre-amiral, mais elle ne le blâme pas non plus; et la riposte qu'elle fait au *National* le 3 mars dévoile suffisamment le fond de sa pensée sur toute cette affaire. Le *National* avait dit :

« Il s'est trouvé 233 députés contre 187 pour prononcer que l'amiral Dupetit-Thouars avait eu tort de défendre l'influence et l'honneur de la France contre les intrigues de l'Angleterre ! Il s'est trouvé 233 députés contre 187. pour signifier à nos marins que dans les parages lointains où ils vont porter notre drapeau ils doivent, sous peine de réprobation de la part de leur gouvernement, se retirer respectueusement devant le moindre missionnaire anglais. »

Ce que dit le *National* est une erreur, dit la *Presse*, il faut lire :

« Il s'est trouvé 233 députés contre 187 qui, bien qu'ils n'approuvassent pas pour la plupart le rappel de l'amiral Dupetit-Thouars, n'ont pas voulu que ce rappel fût le retour au pouvoir du ministre qui, en 1840, voyant les vaisseaux de l'Angleterre faire voile vers la Syrie et l'Égypte, s'empressa d'ordonner à notre flotte de rentrer à Toulon. »

Ceci a trait à M. Thiers; l'on connait maintenant

la signification du vote de la majorité et le caractère de la presque neutralité de la *Presse*.

Le 27 mai, la mort de Jacques Laffitte inspire à la *Presse* des lignes chaleureuses qui sont un témoignage éclatant de la haute estime où elle tenait cet illustre citoyen.

Le 24 aout, la nouvelle de la victoire d'Isly lui donne l'occasion de louer le maréchal Bugeaud, elle ne la laisse pas passer.

Le 27, elle salue sans enthousiasme la prise de Mogador par le prince de Joinville.

Le 27 décembre la *Presse* analyse avec une tiédeur inaccoutumée le discours de la couronne à l'ouverture de la session de 1845.

Pour empêcher que le conflit survenu entre la France et l'Angleterre en suite des événements de Taïti n'allât pas plus loin que le désaveu infligé à l'amiral Dupetit-Thouars, on obtint des Chambres, au début de la session de 1845, une allocation de quelques milliers de francs à titre d'indemnité pour le missionnaire Pritchard. Voici ce que dit à ce sujet la *Presse:*

« La responsabilité sera entière ; elle ne sera pas divisée ; l'indemnité promise à l'instigateur Pritchard, l'indemnité dont MM. le contre-amiral Hamelin et l'amiral Seymour sont simplement chargés de fixer la quotité, cette indemnité sera payée par le ministère même qui l'a accordée. Ainsi l'a décidé aujourd'hui la Chambre en rejetant, à la seconde épreuve, par assis et levé, la première ayant été déclarée douteuse, l'amendement de M. de Malleville, habilement developpé par lui au commencement de de la séance, vivement combattu par M. Peyramont, chaleureusement soutenu par M. Odilon Barrot, hautement repoussé par M. le ministre des affaires étrangères et finalement défendu par M. Dufaure. Ce vote, nous devons le reconnaître, a une haute importance, il associe étroitement la majorité à la politique du cabinet ; désormais le ministère en parlant de sa politique, aura le droit de dire : la politique de la majorité, sans que ce droit puisse lui être justement contesté. »

Des propositions faites en vertu de l'art. 14 de la Charte se succédaient à la chambre des députés; M. Ledru-Rollin en fit une nouvelle dont nous citons les principaux articles.

« Art. 1er. Tout Français, agé de 30 ans, jouissant de ses droits civils et politiques, et inscrit sur les rôles de la contribution directe, est éligible à la chambre des députés, s'il remplit d'ailleurs les autres conditions exigées par la loi du 19 avril 1831.

» Art. 3. Pendant la session. une allocation quotidienne sera accordée, à titre d'indemnité, à chaque membre de la chambre des députés. »

Le 9 mars, la *Presse* dit que l'abolition du cens n'est pas une question nouvelle; qu'elle a été agitée en 1831; qu'avant d'être agitée en 1831, elle avait été tranchée par Benjamin Constant et par M. Béranger, rapporteur du projet de loi dont elle cite les textes. La *Presse* qui réfute les arguments à l'aide desquels M. Ledru-Rollin soutient sa proposition, laisse échapper cette phrase :

« On se plaint aujourd'hui d'avoir une chambre des députés composée d'un trop grand nombre de fonctionnaires publics salariés, on aurait alors une chambre des députés composée en grande partie de commis, que les électeurs croiraient à leurs gages et qu'ils traiteraient en conséquence. »

Décidément le ministre des affaires étrangères, M. Guizot, le député de Lisieux, comme elle l'appelle, n'a plus les admirations de la *Presse*, lui dont elle se plaisait à dire que sa parole était partout et toujours religieusement écoutée ne jouit plus de de son patronage. Qui l'aurait cru ? Mais nous saurons bientôt la cause de cette disgrâce. La *Presse* avait déjà dit (12 décembre 1843) .

« Il manque à M. Guizot ce qui manque également à M. Thiers, l'esprit de suite, d'unité dans les affaires, la puissance d'organisation, ce grand art de distribuer le travail, de mettre en mouvement les hommes et les choses, qui consiste à savoir se choisir des seconds, diviser la responsabilité pour administrer, se compléter pour gouverner! Prétendre tout faire, tout surveiller, tout prévoir, tout diriger soi-même, c'est se condamner volontairement à l'impuissance et à l'immobilité; c'est vouloir absolument se faire tromper par les hommes et se laisser surprendre par les événements. »

Le 11 mars 1845, elle laisse échapper ces graves paroles :

« Plus la situation se développe, plus elle apparaît fausse et difficile; plus elle rend manifeste l'impuissance du cabinet. Les plus petits incidents ne sont pas moins significatifs sous ce rapport que les votes solennels qui ont signalé les délibérations parlementaires depuis l'ouverture de la session.

« Qu'est-ce qui les motive? Premièrement, le projet de loi présenté par le ministère sur les pensions des fonctionnaires civils a été rejeté à la majorité de 201 voix contre 188 seulement. Secondement, sur la proposition de M. de Rémusat sur les incompatibilités, M. Guizot « a déclaré que vouloir prononcer des incompatibilités, c'était faire une chose contraire à l'esprit de nos institutions et à l'intérêt bien entendu de notre société. »

Le 16, à propos de la proposition de M. Chapuys-Montlaville, relative à l'abolition du timbre sur les feuilles périodiques, elle accentue ainsi son langage :

« Le ministère et la Chambre sont à l'unisson. Le désarroi est partout, aussi bien sur les bancs des centres que sur les bancs des extrémités, et si nous nous servons de ces expressions au lieu de nous servir de celles d'opposition et de majorité, c'est à dessein ; c'est qu'en vérité, on ne sait plus où la majorité commence et où l'opposition finit. »

Enfin, le 17, elle jette ce cri d'alarme :

« Voilà près de trois mois que la session est ouverte. Il nous a paru curieux de résumer en quelques lignes le bilan de ce que le ministère et la Chambre ont fait dans ces trois mois. Jamais peut-être situation pareille ne s'était présentée ; jamais on n'a vu à ce point l'inertie systématique d'un cabinet surexciter l'initiative parlementaire ; jamais aussi triste impuissance n'a été le résultat de tant d'inaction combinée avec tant d'agitation. »

Le paragraphe de l'adresse relatif à l'indemnité Pritchard n'avait rallié au ministère qu'une majorité de *huit* voix.

La suppression des jésuites en France vient d'être obtenue par M. Rossi. La *Presse*, le 5 juillet, dit qu'elle n'avait pas trop présumé de l'esprit profondément politique et de la haute sagesse de la cour de Rome. A la manière dont elle envisage la conduite et la solution de cette affaire, le *Siècle* pose ce dilemme :

« Où les statuts des jésuites sont dangereux, contraires aux intérêts de la société, comme nous le croyons, et alors c'était le devoir du ministère de faire exécuter la loi à leur égard sans aller mendier à Rome une approbation qu'on pouvait lui refuser; — ou les jésuites étaient inoffensifs et même utiles, comme le croit, comme l'a dit la *Presse*, pour faire contre-poids à d'autres tendances, les seules dont il soit sage de se préoccuper, et alors le gouvernement, au lieu d'aller intriguer à Rome pour obtenir leur expulsion de France, devait proposer franchement aux Chambres la révision des lois qui frappent d'interdit le célèbre institut. »

La *Presse* entre autres choses répond :

« Ce qu'il y avait selon nous de plus sensé, de plus conforme à l'esprit de notre temps, c'était, à défaut de foi ardente, d'élever au moins la tolérance religieuse jusqu'à la hauteur d'une grande vertu politique; c'était de laisser les jésuites vivre en paix, abrités derrière les murs de leurs maisons; c'était de les laisser établir un courant d'idées contraire à cet autre courant d'idées, déjà plus rapide qu'on ne croit, qui, le jour où il cesserait d'être suffisamment contenu, emporterait avec lui la religion, la famille et la propriété. »

La manière dont la *Presse* envisage cette question de la suppression des jésuites en France ne satisfait pas le *Siècle* qui cherche à la mettre en contradiction avec les principes qu'elle affiche :

« La *Presse* a souvent parlé avec indignation des *communistes*, dit-il le 20; elle trouve très-sage que l'on frappe d'interdit leurs associations; elle ne voudrait pas, et assurément le parti qu'elle représente ne voudrait à aucun prix que des clubs et des chaires de communistes pussent s'ouvrir librement. Pourquoi cela ? Est-ce parce que le parti conservateur juge les communistes si nombreux, si puissants, si redoutables, qu'en devenant libres, ils pourraient à l'instant même bouleverser la société? Nullement. C'est parce qu'il considère que cette secte professe des maximes immorales, contraires à nos lois, dangereuses pour l'ordre social, et que ces maximes, librement prêchées, pourraient égarer l'esprit de la jeunesse ou des masses ignorantes, d'où naîtrait plus tard un danger sérieux pour le pays. — Eh bien ! nous ne croyons pas non plus que les jésuites par leur nombre, par leur influence, par leur talent, soient en état de bouleverser la société; nous ne les jugeons pas assez redoutables pour que toute la France en ait peur; mais nous croyons que leurs doctrines sont pernicieuses, que leurs statuts sont contraires à nos institutions, à nos lois, et comme c'est aussi à la jeunesse et au peuple qu'ils s'adressent; comme le lien de leur association est une force qui ne se dissout pas; comme ils ont un gouvernement tout organisé et une direction à Rome; comme l'ascendant qu'ils exercent sur le clergé se manifeste déjà, nous sommes d'avis qu'il ne faut pas laisser introduire dans la société des éléments de correction, de trouble, de discorde, et que par conséquent il convient, tout en respectant les individus, d'exécuter les lois qui frappent d'interdit cette corporation. »

A quoi la *Presse* répond le 21 :

« Cette expression d'*indignation* n'est pas juste. Toutes les fois que nous avons parlé des communistes et de leurs doctrines, nous en avons parlé avec la mesure que donne le sentiment d'un véritable danger.

» Oui, nous croyons que si un danger grave menace l'avenir des sociétés, ce danger prendra naissance dans le progrès, progrès qu'on ne peut nier, que font les idées communistes parmi les classes ouvrières, non-seulement en France et en Angleterre, mais encore dans les pays où il n'existe ni institutions représentatives, ni liberté de la presse; ce qui prouve que ces idées s'étendent d'elles-mêmes et ont une grande intensité. »

La *Presse*, après avoir posé au *Siècle* plusieurs questions auxquelles il ne répondra pas, ne laisse pas de le mettre en contradition avec lui-même en lui rappelant que le 6 juillet précédent il imprimait en toutes lettres « que ce sont les évêques qui ont compromis les jésuites et non les jésuites qui ont compromis les évêques. » Toutefois cette polémique, peu ardente de part et d'autre, à laquelle se mêle encore la question de la *loi du dimanche*, s'éteint subitement sans avoir jeté quelque éclat. Mais la *Presse* allait se trouver en face d'adversaires autrement dangereux, autrement redoutables que le *Siècle*, d'adversaires dont les prétentions n'avaient d'autre but que de la *démolir*. Les blessures que la polémique acre et personnelle de la *Presse* faisait au système de Louis-Philippe lui suscita tout à coup les plus vives attaques de la part des écrivains mangeant au ratelier des fonds secrets. Parmi ces nouveaux assaillants de la *Presse*, on distinguait surtout M. Granier de Cassagnac qui, suivant la *Presse*, avait écrit pendant quatre années sous la dictée de M. Émile de Girardin auquel il reprochait d'avoir eu « l'idée *lumineuse* d'exagérer le format des journaux, » qui ne tarissait pas en imputations tour à tour injurieuses, mensongères et diffamatoires. M. de Girardin se trouvait fondé à intenter un procès au gérant du *Globe*. Le 11 août, il déclare dans son journal que s'il ne l'a pas fait, c'est qu'il n'a pas voulu qu'on pût dire qu'il redoutait le debat dont on le menaçait et qu'il se retranchait derrière les tribunaux. »

Le nombre de ses ennemis s'accrut encore de l'*Époque*, journal roulant à l'aide des fonds secrets, qui mourra bientôt après avoir englouti deux millions sans faire perdre à la *Presse* un seul abonné.

M. Guizot n'est pas le seul qui ait encouru les poursuites de la *Presse*; le maréchal Bugeaud, autrefois son Benjamin, à son tour ne jouit plus de ses bonnes grâces. Elle disait le 4 août : « Depuis bientôt cinq ans que M. le maréchal Bugeaud commande en Algérie une armée de 87,000 hommes, a-t-il dominé les intérêts des Arabes? Non. Les a-t-il empêchés de semer, de moissonner, de paturer? Non certes; par conséquent il ne les a pas soumis, puisque la guerre est plus flagrante que jamais, puisque ses nécessités, dit-il, autorisent des exécutions comme celle des Ouled-Riali [1]; puisqu'il demande sans cesse des renforts refusés par les Chambres, mais qu'il saura obtenir en leur absence, en s'engageant de plus en plus dans cette guerre contre les Kabyles, si généralement réprouvée, parce qu'elle est inutile pour l'affermissement de notre domination. »

Le gouvernement, les Chambres et l'opinion publique s'étaient fermement opposés à ce que le système de colonisation militaire du maréchal Bugeaud fût appliqué en Algérie. Mais tout à coup, de sa pleine autorité, ce gouverneur-général décide que son système va recevoir un commencement d'exécution. A cette nouvelle, la *Presse* ne peut se contenir. Non content de violer les formes constitutionnelles, le maréchal engage les généraux et les officiers qu'il commande à les violer aussi. « Un pareil état de choses devient intolérable! s'écrie-t-elle le 27 août. La France n'est pas encore divisée en deux parts, l'une gouvernée contitutionnellement par le roi et les Chambres, l'autre par un

---

[1]. Grotte où s'étaient réfugiés les Arabes révoltés, et qui y périrent asphyxiés par l'ordre du colonel, depuis maréchal Pélissier.

pacha révolté. Il faut mettre un terme à cette situation. »

Elle apprend avec plaisir la rentrée en France du gouverneur-général, et son remplacement provisoire par le général de Lamoricière, maintenant en pleine possession des affections de la *Presse*; mais c'est avec des sentiments tout opposés qu'elle annonce le retour du maréchal « dans son gouvernement, » ainsi qu'il désigne ordinairement l'Algérie.

Voici maintenant l'opinion de la *Presse* sur le discours du roi, prononcé le 27 décembre, à l'ouverture de la session de 1846 :

« Le discours prononcé cette année pour l'ouverture des Chambres échappe à la critique à peu près autant qu'à l'éloge. Son caractère principal est de manquer de signification. Il ne pose aucune question, ne provoque aucun débat, et se borne à exposer, en traits peu arrêtés, la situation génerale. Ceci est un fait que nous constatons sans entendre le blâmer. »

Depuis sa fondation, la *Presse,* cédant à la nécessité, à agrandi son format. Une première fois le 1er décembre 1844, ce qui déchaîne contre elle les violentes colères du *Globe*; et une seconde fois le 1er juin 1845, avec l'annonce d'importantes publications, telles que les *Mémoires d'Outre-tombe* de

Châteaubriand, l'*Histoire des Girondins* et les *Confidences* de Lamartine.

Plus que jamais le roman trône dans le feuilleton. *Amaury*, la *Reine Margot*, d'Alexandre Dumas; *La Floride*, la *Guerre du Nizam*, le *Derniers fantôme*, de Méry; le *Roi Candaule*, de Théophile Gautier; *Les Paysans*, de Balzac; les *Nuits du père Lachaise*, de Léon Gozlan; la *Croix de Berny*, roman steeple chase, des gentlemen riders : Vicomte Charles de Launay, Théophile Gautier, Jules Sandeau et Méry; *Tévérino* de George Sand; *la Lionne* et la *Comtesse de Mourion*, de Frédéric Soulié, le remplissent presque quotidiennement. Une œuvre posthume de Casimir Delavigne, les derniers *Chants, poëmes et Ballades sur l'Italie*, y trouve également place. Les impressions de lecture et souvenirs littéraires, longtemps signés *l'inconnu*, portent maintenant la signature d'Eugène Pelletan. Le salon de 1844 est fait par Théophile Gautier; madame Sophie Gay signe un courrier de Versailles, Gérard de Nerval le courrier de Paris, Nestor Roqueplan des impressions de voyage; enfin la *Presse* publie en variétés des articles de critique littéraire de madame Sand et de M. Eugène Forcade.

VI

1846 — 1847

Discours. — Impatience de la *Presse*. — Le Texas et la Plata. — Robert Peel et M. Guizot. — Parallèle de la *Presse*. — Plan de campagne du maréchal Bugeaud. — Cracovie. — Commentaires de la *Presse*. — Attentat du 17 avril 1846. — Manœuvre des prisonniers par Abd-el-Kader. — Déclaration de la *Presse* sur le ministère. — Questions du *Courrier Français*. — Réponse de la *Presse*. — Attentat du 30 Juillet. — Élections générales. — Ouverture de la session de 1847. — Les mariages espagnols. — Idées de la *Presse* sur les réceptions et les discours officiels. — Les alliances. — Le maréchal Bugeaud quitte le gouvernement de l'Algérie. — Phase nouvelle. — Guerre de la *Presse*. — Son découragement. — Banquets réformistes. — Romans publiés par la *Presse*.

Passons les discours prononcés à l'occasion du 1er janvier : d'ailleurs ils n'inspirent à la *Presse* aucune réflexion.

Mais rien n'irrite ce journal comme le temps mal employé. Voyez ces lignes qu'elle publie avant les discours officiels, à propos de la nomination des membres de la commission de l'adresse :

« Le ministère ayant l'unanimité ou à peu près, il y a lieu d'espérer qu'il en profitera pour donner un bon exemple, et fonder un utile précédent. La commission de l'adresse pourrait se constituer et nommer son rapporteur demain samedi ; le projet de rédaction pourrait très-facilement être lu et adopté dimanche, et déposé lundi ou mardi au plus tard sur la tribune. La disscusion pourrait commencer jeudi.

« Tout le temps qui s'écoulera au delà de ce terme sera du temps perdu pour le plaisir de le perdre. En Angleterre, ne nous lassons pas de le rappeler, à peine le discours de la couronne vient-il d'être prononcé qu'un projet de réponse est aussitôt présenté et mis en discusion. Une belle occasion s'offre à la majorité d'en finir avec un abus qui déconsidère le gouvernement représentatif aux yeux de tous ceux qui connaissent le prix du temps; la laissera-t-elle échapper? »

Dans l'affaire du Texas comme dans celle de la Plata, le ministère n'encourt pas le blâme de la *Presse*, mais elle est loin d'approuver sa conduite. Cependant il est facile de voir que c'est avec peine qu'elle est obligée de reconnaître que la marche incertaine de M. Guizot à travers le labyrinthe des questions importantes qui se succèdent sans aucune solution satisfaisante est fatale aux intérêts du pays et que cet amoncellement aggrave nécessairement la situation. Toutefois on dirait que tout espoir que les yeux se dessilleront bientôt n'est pas entièrement perdu pour elle, tant elle s'efforce de justifier ou d'atténuer la portée des résultats de ses actes.

Elle le fait ainsi le 22 janvier :

« Il faut qu'il y ait dans les situations fausses une cause de faiblesse bien invincible, pour que les esprits les plus éminents, les talents les plus éprouvés ne parviennent pas mieux à en triompher. Nous avons entendu M. Guizot aujourd'hui, à l'ouverture de la séance. Il a essayé d'expliquer, de justifier l'intervention malencontreuse de notre politique dans la question du Texas; il a cherché à donner une valeur sérieuse aux prétextes commerciaux, aux considérations *d'équilibre* qu'il avait déjà sommairement exposés à une autre tribune (à la chambre des pairs). Nous ne pensons pas qu'aucun de ceux qui ont assisté à cette séance nous démente quand nous dirons que toute l'habileté de M. le ministre des affaires étrangères, et l'on sait qu'elle est immense, a échoué contre les difficultés de cette thèse impossible. »

Le 28, à propos d'un discours prononcé par sir Robert Peel, la *Presse* établit ce parallèle entre le ministre français et l'homme d'État anglais :

« Que n'avons-nous, en France, à la tête du parti conservateur un tel homme? Que M. Guizot, doué de cette double supériorité qu'il possède à un si haut degré, d'orateur et d'historien, n'a-t-il donc pas tenté d'être cet homme? Quelle belle page l'historien *de la civilisation* pouvait lui-même occuper dans l'histoire! Quel grand et noble rôle il pouvait jouer! Pourquoi n'a-t-il pas voulu, pourquoi n'a-t-il pas su le remplir? Faut-il le dire? C'est qu'en lui le caractère n'est pas à la hauteur du talent, c'est qu'alors qu'on pousse à l'excès l'usage de tout convertir en maximes, idées fausses, idées justes, idées spécieuses, idées du lendemain contredisant celles de la veille, on finit par n'avoir plus aucune conviction : or, les convictions sont à l'homme d'État ce qu'est le combustible aux machines à feu, la force qui les met en mouvement! Point de convictions, point de force; point de force, point de mouvement, point d'initiative! Ainsi s'explique l'immobilité de la politique à laquelle M. Guizot a attaché son nom; ainsi s'explique comment le ministre perd en entrant dans son cabinet toute la force que l'orateur gagne en montant à la tribune. A peine en est-il descendu qu'il ressemble à la locomotive, incapable, dès qu'elle est refroidie, de se mouvoir par elle-même, si parfaite, si admirable, si puissante qu'elle soit! Dans M. Guizot, il n'y a qu'un homme : — l'homme de tribune éminent; dans sir Robert Peel il y a deux hommes, également supérieurs : —

l'homme de tribune et l'homme d'État. Pour M. Guizot, la majorité dans le parlement est le but; il ne voit pas au delà! Pour sir Robert Peel, la majorité dans le parlement n'est que le moyen; ses regards s'étendent sur le pays tout entier, et ne craignent pas d'interroger la postérité. M. Guizot est chef du parti conservateur au même titre que M. Barrot est chef de la gauche, à la condition, l'un et l'autre, de recevoir la loi de leurs amis, non de la leur imposer, d'obéir, non de commander. Il en est autrement de sir Robert Peel. Il n'obéit pas, il commande; il ne prend pas le mot d'ordre, il le donne... »

La *Presse* ne s'arrête pas en si beau chemin et M. Guizot ne gagne guère à être comparé à Robert Peel; les reproches ne lui sont pas épargnés; maintenant, les questions qu'on lui pose, les résoudra-t-il?

La *Presse*, qui en 1845 a combattu énergiquement le système de colonisation militaire du maréchal Bugeaud, dans trois remarquables articles des 6, 18 et 24 février 1846, combat son plan de campagne qui consiste à soumettre toute la Kabilie. Après avoir énuméré toutes les difficultés qui selon elle le rendent impossible, après avoir affirmé que cent et même deux cent mille hommes ne suf-

8.

firaient pas à son exécution, elle conclut ainsi :

« Ce qu'il y a donc à faire actuellement, c'est de rester sur la défensive partout, c'est de se contenter de protéger des terrains suffisamment vastes pour recevoir un million d'âmes d'une population agricole, commerciale et industrielle; c'est à cette œuvre que nous devons nous attacher principalement, c'est la seule qui nous assurera la possession réelle et définitive du pays, ainsi que nous le dirons avant peu. »

Elle le prouve en effet le 28 février en démontrant que le système du gouverneur-général de l'Algérie, s'il n'était impraticable, serait ruineux et désastreux pour les intérêts de la colonie.

La question polonaise est de nouveau à l'ordre du jour. La république de Cracovie est menacée de subir le sort infligé au royaume de Varsovie, en dépit des traités de 1815. Le ministère, interpellé sur l'attitude qu'il doit tenir en vue des éventualités, par M. de La Rochejacquelin et M. Odilon Barrot, n'a pas tenu le langage que lui imposaient les circonstances. Le 15 mars, la *Presse* explique comment la discussion de la chambre des députés a mis à découvert, sans profit pour la Pologne, ce qu'il y a de faible et de faux dans la situation de la France, par suite de l'absence de sa part, de tout système politique, de toute vue d'avenir. « La politique terre à terre, la politique au jour le jour, cette pente insensible sur laquelle nous nous laissons nonchalamment glisser, dit-elle, nous fera vite passer sur notre ancienne grandeur à une rapide décadence si nous ne nous hâtons de nous arrêter. Déjà, il ne faut plus nous le dissimuler, nous avons fait un grand pas vers le déclin. Notre impuissance et notre isolement sont manifestes; ils éclatent de toutes parts... »

Après avoir longuement énuméré les causes de cette fatale décroissance de notre autorité dans les grandes questions politiques, après avoir constaté que ce qui importe au gouvernement, c'est de garder la majorité et de ne pas la laisser rompre les rangs, elle ajoute :

« Mais si tout va aussi mal que vous le prétendez, pourquoi, nous dira-t-on, n'abandonnez-vous pas le ministère pour entrer ouvertement dans l'opposition? — C'est qu'avec les dangers de plus qui lui sont inhérents, elle commettrait les mêmes fautes, tomberait dans les mêmes travers; c'est qu'elle porterait encore plus loin l'abus des discours, le mépris des affaires, l'inconséquence des idées. Le ministère ne compromet que l'avenir; l'opposition, elle, compromettrait l'avenir et le présent!

» Nous n'avons donc rien de mieux à faire que ce que nous faisons : saisir toutes les occasions d'avertir le Pouvoir et le pays qu'ils marchent sans savoir où ils vont; qu'ils sont sur une pente que chaque pas fait en avant rendra plus difficile à remonter; qu'ils ne sont prêts pour aucune éventualité; qu'ils se mettent à la merci des plus minces événements; qu'ils gaspillent de précieuses ressources : qu'il est fait du gouvernement représentatif un tel abus qu'il y a lieu de craindre que la déconsidération n'en amène la ruine ; que l'Europe attentive voit tout cela, et que c'est la raison pour laquelle nos protestations sont sans crédit et demeurent sans effet, soit qu'il s'agisse de la Pologne ou de Taïti, que nous ayons à nous adresser à l'Angleterre ou au continent!

» Il en serait autrement si nous avions des alliés dont la fidélité nous fût garantie par des intérêts communs, par une égale crainte d'un même péril; si nous avions des ministres qui ne bornassent pas leurs fonctions à celle de gardeurs de la majorité, qui donnassent moins de temps à l'importunité et aux détails parasites afin de pouvoir en donner un peu à la méditation des hautes questions et à l'étude approfondie des grandes affaires. Simplifier les affaires, élever les questions, c'est une manière et la meilleure de conquérir le temps dont on a besoin. Il en serait autrement enfin si nous avions les deux choses qui nous manquent :

» Un régime administratif qui ne prît pas la complication pour la centralisation et la dépense pour la richesse;

» Un système politique qui ne fût pas un contresens, et ne paralysât pas toutes nos forces en accouplant violemment la France à sa rivale.

» Mais telle est l'impuissance à laquelle nous nous condamnons par nos propres fautes, par notre déplorable imprévoyance, par notre dangereux laisser-aller; telle est cette impuissance que si la question adressée hier au ministère par un orateur de l'opposition venait à se poser dans les conseils de la Russie, de la Prusse et de l'Autriche, savoir si ces trois puissances feront subir à la république de Cracovie le même sort qu'au royaume de Varsovie, au mépris des traités de 1815, il nous faudrait encore en souffrir la violation, ne pouvant ni l'empêcher ni la venger.

» Est-ce vrai?

» Que sommes-nous donc maintenant en Europe et où allons-nous ainsi? Nous allons où il plaît à l'Angleterre de nous mener : si vous tenez à le savoir, interrogez l'histoire où sont écrites les causes de sa grandeur, où s'écrivent celles de notre décadence. »

Un nouvel attentat vient d'être commis contre la personne du roi. Le 17 avril, vers cinq heures et demie, au moment où le roi revenait de la promenade et traversait le parc de Fontainebleau, un homme a tiré des coups de feu. La reine, la princesse Adélaïde, la duchesse de Nemours, le prince et la princesse de Salerne étaient dans la voiture du roi. Personne n'a été atteint. Le 18, en publiant la note du Moniteur qui rend compte de cet événement, la *Presse* s'exprime ainsi :

« Nous n'étions que trop bien informés, quand nous donnions hier, non sans quelque hésitation, la nouvelle de l'attentat auquel le roi venait, pour la sixième fois, d'échapper si heureusement! »

L'auteur de cet attentat se nomme Louis-Pierre Lecomte. La Presse paraît heureuse que le crime de cet homme soit étranger à la politique.

La nouvelle du massacre de nos prisonniers par Abd-el-Kader émeut douloureusement la *Presse*, et les récriminations contre le maréchal Bugeaud se font jour de nouveau. « On ne négociait pas l'échange des prisonniers, parce que M. Bugeaud n'était pas de cet avis, dit-elle le 3 juin... Le gouvernement ne peut certainement pas sans injustice être rendu responsable du massacre de nos malheureux compatriotes. Toutefois, ici encore, il aura à se repentir d'avoir suivi trop docilement l'impulsion de M. le maréchal Bugeaud. »

Le 12 juillet, la *Presse* déclare qu'à l'encontre du *Constitutionnel* et du *Siècle* qui voudraient le changement des hommes, non celui des choses, elle veut le changement des choses, non celui des hommes. Qu'y aurait-il de changé si la majorité nouvelle faisait défaut à M. Guizot et le contraignait de céder le pouvoir à M. Thiers ? Car M. Thiers n'est pas un homme de réformes, de liberté, d'initiative…
« Au dedans, il n'y aurait donc rien à gagner avec M. Thiers, dit-elle; la stérilité de son esprit n'a d'égale que la mobilité de son caractère. Au dehors il n'y aurait qu'à perdre; M. Thiers n'a pas de politique extérieure qui lui soit propre; il a défendu successivement tous les systèmes d'alliances qu'il devait combattre, et combattu tous les systèmes d'alliances qu'il devait défendre. »

Le 20, le *Courrier français* lui pose ce dilemme :

» De deux choses l'une : ou bien acceptant M. Guizot pour chef, vous lui avez sacrifié vos principes, ce qui, en tout état de cause, est une chose indigne et vous ôte le droit de gourmander les autres ; — ou bien vous avez gardé vos principes, et, dans ce cas, puisque vous avez pris pour chef un homme qui les repousse, nous n'avons pas de termes pour qualifier votre faiblesse ou votre inintelligence. »

La *Presse* répond en disant qu'il lui suffit de rappeler sommairement les questions soulevées par les fortifications de Paris, la flétrissure imprimée à plusieurs membres de la chambre des députés, l'indemnité accordée au missionnaire Pritchard, etc, question « où nous nous sommes trouvés en désaccord avec le cabinet du 29 octobre, pour prouver hautement, dit-elle, qu'en aucune circonstance nous n'avons fait à M. Guizot ni le sacrifice de nos opinions, ni de nos convictions, ni de notre liberté d'examen, ni de notre droit d'avertissement: cette première proposition écartée, il nous reste à prouver qu'en refusant de concourir au renversement de M. Guizot, non-seulement nous n'avons pas fait acte de faiblesse, d'inintelligence, mais que nous avons fait le contraire : nous avons montré que nous avions en nous la force dont il faut être pourvu pour s'arrêter sur la rapidité de la pente ; l'intelligence qui tient compte des situations et des faits, et sait faire deux parts distinctes : l'une aux actes, l'autres aux intentions. »

Le 30 juillet, nouvel attentat sur la personne du

roi. L'assassin se nomme Henry. « L'homme qui en est l'auteur, dit la *Presse*, échappe à l'indignation par le mépris. »

Des élections générales ont eu lieu dans les premiers jours d'août. Le roi ouvre la session le 17. Suivant la *Presse*, « son discours ne dit que ce qu'il convenait de dire et il le dit en termes heureux. »

Les mariages espagnols trouvent dans la *Presse* un partisan zélé, un apologiste enthousiaste; la négociation conduite par M. Guizot lui paraît le chef-d'œuvre de la politique; aussi jamais M. Guizot, dans aucune circonstance, de la part d'aucun journal, ne fut l'objet d'un éloge magnifique comme celui que lui décerne la *Presse* le 4 septembre :

« M. Guizot, qui nous avait donné si souvent l'occasion de le louer sans réserves, comme orateur, ne nous avait pas encore donné une seule fois l'occasion de le louer sans restriction comme ministre. Aujourd'hui nous sommes vraiment heureux de pouvoir dire que le ministre vient de s'élever dans sa personne à la hauteur de l'orateur; cette négociation lui fait prendre rang désormais parmi les hommes d'État dignes de ce nom, autant par l'habileté avec laquelle elle a été conduite, que par le profond secret qui en a assuré l'éclatant succès. »

Les discours officiels du 1ᵉʳ janvier 1847 provoquent de la part de la *Presse* la déclaration suivante, à notre avis, aussi curieuse que juste :

« En politique, comme en administration, nous sommes pour la simplification, simplifier est notre devise. Si nous avions voix décisive au Conseil où se débattent plus souvent que ne s'y résolvent les questions de gouvernement, il y a longtemps qu'on en aurait fini avec les discours qu'il est d'usage de prononcer le premier jour de l'an et le jour de la fête du roi. Ou ces discours ont un sens, où ils n'en ont pas. S'ils n'en ont pas, ce sont de solennelles banalités qui ne servent qu'à amoindrir les constitutions et à les exposer au persifflage des partis; si ces discours ont un sens, il est rare qu'ils ne donnent pas lieu à des difficultés, à des embarras, à des complications. Dans l'un comme dans l'autre cas, ils ne sont bons qu'à faire à la royauté constitutionnelle une situation fausse, délicate, que l'habileté du langage et une auguste expérience ne suffisent pas toujours pour vaincre ou pour éluder. Pourquoi ne pas se borner purement et simplement à défiler devant le roi et sa nombreuse famille en les saluant? »

La question des alliances était à l'ordre du jour et discutée dans tous les journaux. Bien que la *Presse* eût déjà dit le 10 janvier : « Nous n'éprouvons aucune gêne à déclarer hautement, et pour la centième fois, qu'en principe, nous sommes les partisans de l'alliance de la France avec la Russie, » pressée de s'expliquer catégoriquement, le 22 mars, elle s'exécute. Il est de l'intérêt de la France de s'allier avec l'Angleterre, avec les États secondaires, avec la Russie, ou de rester isolée. Après avoir fait ressortir les avantages et les inconvénients de ces quatre situations entre lesquelles le gouvernement doit choisir, elle se résume en ces termes :

« L'alliance avec l'Angleterre, c'est l'abnégation de la France.

» L'alliance avec les États secondaires, c'est la guerre, c'est la révolution.

» L'alliance avec la Russie, c'est le progrès, car c'est la paix.

» L'isolement systématique, c'est la décadence. »

Une des préoccupations de la *Presse*, c'est de nier la possibilité des camps agricoles du gouverneur général de l'Algérie, et ce n'est pas sans une très-vive satisfaction, — qu'elle ne cherche pas à cacher du reste, que le 4 juin elle annonce sous ce titre : *Abdication de M. le maréchal Bugeaud*, que les adversaires de ce système impraticable peuvent dormir sur les deux oreilles.

Nous sommes entrés dans une phase nouvelle où

nous voyons le ministère constamment en butte aux coups de la *Presse*. L'horizon dynastique semble s'assombrir. Il est chargé d'événements singuliers dont le gouvernement, qui n'en est nullement responsable, en reçoit néanmoins les plus fâcheux contre-coups. Ce sont les émeutes de Buzançais et les condamnations à mort qui s'en suivent; l'affaire du chef-d'escadron d'état-major, aide de camp du duc de Nemours; les ventes de pairie, l'affaire des maîtres de postes; enfin l'assassinat de la duchesse de Praslin suit de près le procès des mines de Gouhenans, dans lequel deux ministres sont impliqués. Tous ces événements malheureux pouvaient ébranler la foi de la *Presse*. Son rédacteur en chef, M. Émile de Girardin, est d'ailleurs ridiculement traduit devant la Cour des pairs. A partir du jour où elle commence et finit un article par ces mots : *Un échec par jour*, à partir de ce jour où elle s'exprime en ces termes :

« Nul, assurément, ne nie l'immense talent oratoire de M. Guizot, la haute portée philosophique de son esprit ! Ce talent est une de nos gloires nationales; mais aujourd'hui le pays, qui a le pressentiment de toutes les difficultés que lui réserve l'avenir, veut plus que des paroles : il lui faut des actes. Il crie : aux affaires! aux affaires!

» Éloquents apôtres, vigoureux athlètes du gouvernement représentatif, voilà trente-deux ans que vous parlez, qu'avez-vous fait, qu'avez-vous fondé ? Tous ces beaux discours, ce brillant cliquetis, ces interminables luttes de tribunes destinées à nous inculquer les grandes maximes constitutionnelles, à quoi ont-ils abouti ?...

» Assez de discours, assez de discours comme cela ! Tout ce que l'opposition peut dire, nous le savons par cœur; tout ce que le gouvernement peut répondre est d'avance inséré au *Moniteur*. »

Il est difficile de suivre la *Presse* à laquelle rien n'échappe, et qui, non pas systématiquement, noie le Cabinet dans une mer de fautes qui se produisent sous toutes les formes, mer dont les flots grossissent d'heure en heure et qui menace de tout engloutir. Elle ne se lasse pas, ses attaques sont incessantes, et les moins dangereuses sont celles où elle constate que rien n'est fait, que le plus grand désarroi est partout et dans tout. Son ironie perpétuelle est aussi mortelle que mordante et contribue puissamment au succès de cette campagne contre le Pouvoir. On ne le dirait pas, cependant il lui en coûte. Qu'on en juge d'après cet aveu qu'elle laisse échapper le 1ᵉʳ juillet, anniversaire de sa fondation :

« Pourquoi le tairions-nous ? — Le sentiment que

nous éprouvons est celui d'un découragement profond. Et comment n'éprouverions-nous pas ce sentiment ? Voilà douze ans que nous nous consumons en inutiles efforts dans le désir de tirer le pays de l'ornière où il souffre de rester. Voilà douze ans que nous marchons armés d'un aiguillon à la suite du Pouvoir, essayant de vaincre son opiniâtre immobilité et de le pousser, si lentement qu'il veuille marcher, jusqu'au bout du sillon. Triste labeur! Vaine espérance! Dix ans se sont écoulés depuis la retraite du cabinet du 6 septembre. Dix ans!... Qu'a-t-on semé ? qu'a-t-on récolté ? qu'a-t-on fait ? »

Pour discuter et contredire le chef du Cabinet, la *Presse*, le plus souvent, se contente de citer des passages empruntés aux écrits de M. Guizot. Les œuvres du ministre sont pour elle une mine inépuisable, et chaque fois qu'elle lui fait un emprunt, on dirait que les lignes qu'elle cite ont été écrites pour peindre et caractériser l'époque actuelle.

L'agitation soulevée par les banquets réformistes portait à leur comble les soucis du gouvernement. Il se plaignait sans agir ou agissait mal et s'en prenait à ses adversaires des causes et du danger d'une situation pour lui si périlleuse. La *Presse*, qui pense autrement, demande :

« Qui, l'un des premiers, à donné l'exemple et le signal des banquets politiques ?

» M. Guizot.

» Qui a provoqué à la tribune, par un imprudent défi, les manifestations réformites ?

» M. Duchâtel.

» Qui, par une immobilité hautaine par une insouciance coupable, prolongée pendant huit années, a isolé le Pouvoir, désaffectionné le pays et donné aux esprits les plus patients cette agitation dont on a commencé par se railler, et dont on finit par s'effrayer ?

» Le cabinet du 29 octobre.

» Les majorités trop longtemps satisfaites réveillent en sursaut les populations mécontentes.

» Les réformes maladroitement ajournées amènent infructueusement les conversions tardives.

» Les résistances outrées aboutissent aux entraînements funestes. »

Enfin la *Presse*, qui a toujours eu un mot aimable pour les discours de la couronne, accueille celui du roi à l'ouverture de la session de 1848 par ces mots : « On ne saurait en plus de mots dire moins de choses. »

Tout cela, symptômes évidents d'événements prochains et graves.

Les abonnés de la *Presse* ont lu : *Histoire de la captivité de Sainte-Hélène*, par le général Bertrand; *Ellénore*, par madame Sophie Gay ; *Le duc de Guise*, par Frédéric Soulié ; *Les Roués innocents, Militona*, par Théophile Gautier ; les *Mémoires d'un médecin*, par Alexandre Dumas ; *Valcreuse*, par Jules Sandeau ; la *Dernière incarnation de Vautrin*, par Balzac ; les *Mémoires de Don Juan*, par Félicien Mallefille ; *Cléopatre*, tragédie de madame Emile de Girardin, etc. etc. etc.

VII

1848

Mort de Mme Adélaïde. — Regrets de la *Presse*. — La *Presse* contre le ministère. — Soumission d'Abd-el-Kader. — Comment elle envisage cette soumission. — M. Guizot, M. Duchâtel, M. Hébert, M. Dumon. — Imputations formulées par la *Presse* contre les ministres. — Sentence de M. Guizot. — M. le comte de Pontois. — Toujours M. Guizot. — Première séance de la session de 1848. — Découragement de la *Presse*. — Paris agité. — *A bas Guizot!* — *Vive la Réforme!* — Retraite du ministère. — Proclamation de la République. — La *Presse* transformée en tribune. — *Confiance! confiance! Une idée par jour.* — *Réforme électorale et parlementaire.* — *Administration et politique.* — Proclamation *non-officielle.* — La *Circulaire de M. de Lamartine*. — La *Presse* sur la brèche. — Déclaration de M. Émile de Girardin. — Attroupements dans la rue Montmartre. — *A bas la Presse! Mort à Girardin!* — Avertissements de la *Presse*. — Le 15 mai. — Court dialogue. — Suspension de la *Presse*. — M. Émile de Girardin à la Conciergerie. — Réapparition de la *Presse*. — Nouvelle protestation. — *Suspension de la Gazette de France*. — Protestation des journalistes. — M. Émile de Girardin quitte la *Presse*. — La Constitution. — Ce qu'en pense la *Presse*. — Les candidats à la Présidence de la République : Le général Cavaignac, M. de Lamartine, M. Ledru-Rollin, M. Thiers, le maréchal Bugeaud, M. Louis-Napoléon Bonaparte. — La *Presse* pour la candidature de M. Louis-Napoléon Bonaparte. — Guerre au général Cavaignac. — La *Muse de la Patrie*. — Le dix décembre. — Proclamation du président de la République. — Note de M. Émile de Girardin au président de la République. — Triomphe de la *Presse*. — Le lendemain. — Littérature.

La mort de madame Adélaïde parut à tout le monde le présage de jours néfastes pour la dynastie. La *Presse*, qui certainement partageait le sentiment général, écrit le 1ᵉʳ janvier :

« L'année 1847 aura fini douloureusement pour la famille royale, aux affections de laquelle a été enlevée ce matin S. A. R. Madame Adélaïde, sœur du roi, née le 23 août 1777.

» Ce coup sera surtout très-vivement ressenti par le roi, qui avait dans l'esprit et le jugement de sa sœur, une confiance qu'il n'accordait à personne au même degré. »

La *Presse*, continuant son rôle d'accusatrice du ministère, ne lui laisse plus aucun répit. Usant tantôt de ruses, tantôt de violences, elle est pour M. Guizot le plus dangereux des amis. Cependant M. Guizot hausse les épaules ; il ne sent pas que les traits lancés par la *Presse* lui font des blessures mortelles.

« Voilà le pays replongé dans les anxiétés de la politique à outrance! dit-elle ce même jour. La polémique par laquelle on prélude, cette année, aux débats de l'adresse, reprend les formes des plus mauvais jours. Quand les questions les plus brûlantes deviennent ainsi le terrain des combats d'avant-garde, à quelles luttes ne doit-on pas s'attendre ? »

Abd-el-Kader, pris entre deux feux, vient de se

confier à la loyauté de la France ; le ministère, la majorité sont dans l'ivresse ; mais dans cet événement la *Presse* ne trouve aucun sujet de triomphe, et elle tempère ainsi la joie qu'ils font éclater :

« Placé dans cette alternative extrême, ou de livrer sa tête aux mains de l'empereur du Maroc, ou de se jeter dans nos bras, Abd-el-Kader n'a pas hésité.

» Si peu glorieuse qu'eût été cette prise tardive, encore n'est-elle pas due à nos armes ! C'est un fait excellent pour le Cabinet, car tout prétexte va lui être enlevé pour entretenir à Alger une armée de cent mille hommes et ajourner plus longtemps la question de la colonisation sérieuse et sincère.

» Abd-el-Kader prisonnier, une récolte suffisante, nulle émeute, aucun trouble, une majorité compacte, considérable... décidément l'année commence mal pour le Cabinet, dont l'existence est gravement menacée par son impuissance, que chaque jour rend ainsi plus manifeste.

» Les Cabinets forts vivent par les œuvres qu'ils accomplissent, les Cabinets faibles ne subsistent que par les prétextes qu'ils imaginent. »

Revenant à la charge le 4 janvier, elle s'écrie :

« Pour qu'un tel résultat cause une telle ivresse aux hommes qui nous gouvernent, il faut ou que nous soyons bien dégénérés depuis trente ans, ou qu'ils n'aient pas en eux le moindre sentiment de la grandeur nationale.

» La défaite d'Abd-el-Kader, par Abd-Er-Rahman, un triomphe pour la France!... O mânes de Louis XIV et de Napoléon, pardonnez-leur!

» Que ne font-ils donc chanter un Te Deum à Notre-Dame!... »

Le 6, elle dit : « Il y aurait une curieuse histoire à faire sur les variations de M. Guizot en ce qui concerne la Suisse. Jamais politique plus ambulatoire ne présida aux résolutions d'un Cabinet. » Contraire à la succession du maréchal Bugeaud par le duc d'Aumale, elle dit le même jour : « Des ministres habiles et prévoyants n'eussent pas nommé S. A. R. M. le duc d'Aumale au gouvernement de l'Algérie. »

Le chef du Cabinet n'est plus seul exposé aux attaques réitérées de la *Presse* qui ne ménage pas davantage le ministre de l'intérieur, M. Duchâtel, M. Hébert, M. Dumon. Le 9, dans un article intitulé: *Urbanité, sincérité et valeur des dénégations ministérielles,* la *Presse*, s'érigeant en tribunal, fait comparaître, juge et condamne ces messieurs mieux que ne le ferait une Chambre haute. La fin de cet article doit ici prendre place. Après avoir prouvé la nullité de tous les désaveux des ministres, sur les faits qui lui sont imputés, elle les reproduit ironiquement en forme de conclusion, tels qu'ils ont été articulés.

« En effet ;

» Des charges à la Cour des comptes et des recettes de finances n'ont jamais été achetées, ne se sont jamais vendues !

» Des privilèges de théâtre n'ont jamais donné lieu à aucun trafic, à aucune extorsion !

» Des concessions de mines n'ont jamais encouragé aucune exaction !

» Des subventions n'ont jamais été données à aucun journal ministériel !

» Des actions de chemin de fer n'ont jamais profité à aucun ministre !

» Des projets de loi n'ont jamais été mis à prix !

» Etc, etc., etc., etc.,

» Tout cela :

» Accusations FANTASQUES.

» INEPTIES.

» Aussi, la majorité, au nombre de 225, se levant comme un seul, justement indignée de tant de calomnies, en a-t-elle fait prompte et éclatante justice en ces termes mémorables :

« La majorité, satisfaite des explications qui lui

ont été données par le gouvernement, passe à l'ordre du jour. »

Quand un gouvernement subit un pareil langage, il n'est pas loin de sa perte.

Le 14, elle reproduit cette sentence d'un discours de M. Guizot prononcé la veille :

« *Quelles que soient les formes, quels que soient les principes de gouvernement*, les hommes ne supportent plus de voir leurs affaires très-mal faites ; et ils ont raison. »

Et elle ajoute :

« Ces paroles sont la condamnation de M. Guizot prononcée par lui-même.

» Jamais le pouvoir eut-il moins de prestige ?

» Jamais vit-on le budget et les crédits extraordinaires et supplémentaires rompre et déborder à ce point toutes les digues ?

» Jamais vit-on *l'abus des influences* poussé plus loin.

» Jamais... »

Mais nous qui ne disposons que de quelques centaines de pages, nous ne pouvons citer en entier tous ces articles importants et curieux de la *Presse* qui formeraient des centaines de volumes. Nous arrivons à un moment où la tâche des citations devient de plus en plus difficile, où ce n'est pas peu de chose même que de choisir parmi toutes celles qu'il serait bon de faire, et dont nos lecteurs nous sauraient gré assurément.

Faisons pour le mieux.

Le 17, la *Presse* rend compte de la lecture faite par le comte de Pontois d'une dépêche datée d'octobre 1846, tendant à prouver que M. Guizot lui avait à tort retiré le titre d'ambassadeur de France à Berne pour le donner à M. de Bois-le-Comte. M. Guizot à répondu d'une façon dédaigneuse, voisine du mépris. Après avoir formulé contre le chef du Cabinet une série de graves accusations dont il nous semble qu'une seule suffirait au renversement du ministère le mieux établi, elle lui jette cette sévère apostrophe :

« M. Guizot aime beaucoup à parler de la hauteur de son dédain ; mais il est bon qu'il le sache, l'épaisseur de la semelle la plus mince peut aujourd'hui la défier : »

» Le mensonge confondu est un redoutable laminoir sous lequel un homme d'État ne devrait jamais s'exposer à passer, car il en sort aplati, avili. »

Le 20 elle dit que « le mal le plus grave que fait la corruption, c'est d'égarer l'esprit public en détournant son attention des hautes questions et des grands intérêts pour l'arrêter sur des misères et des turpitudes. »

Le 21 : « Telle a été cette première séance, telle sera la session : — une session féconde en aveux humiliants et en révélations d'abus scandaleux. »

Le 22 : « La majorité vote, mais ne se rend pas. »

Le 23 : « M. Guizot reflète l'abattement général. »

Mais le 14 février, c'est la *Presse* qui traduit en ces termes son propre découragement :

« Comment ne serions-nous pas découragés et inquiets ?

» Nous avions mis notre confiance dans le gouvernement représentatif, dans sa durée, dans son avenir ;

» Nous avions mis nos espérances dans le parti conservateur, dans sa bonne foi et dans son bon sens ;

» Nous n'avions épargné aucun effort pour grossir aux dernières élections générales les rangs de la majorité ministérielle ;

» M. Guizot, qui, par l'éclat de sa parole, était parvenu à nous faire illusion sur la valeur de sa pensée ; M. Duchâtel, qui, par la médiocrité de son esprit, avait réussi à nous faire croire à la droiture de son jugement. MM. Guizot et Duchâtel nous avaient dit : — Ne vous hâtez pas de nous juger, sachez attendre :

» Nous avons attendu de session en session, de législature en législature.

» Nous avons espéré pendant huit années.

» Vaine attente !

» Espoir déçu !

» Quel spectacle aujourd'hui avons-nous sous les yeux ? »

Et ce qu'ont fait et ce que sont actuellement le gouvernement représentatif, le parti conservateur, la majorité ministérielle, le président du Conseil, le passé et le présent, tout cela est sévèrement incriminé par la *Presse* qui s'étonne que l'Assemblée tout entière ne se soulève pas contre une telle contradiction, contre une telle palinodie !

Le 23, elle constate que la veille Paris a été inquiet, ému, agité. « Il n'y a du reste, dit-elle, qu'une voix parmi les gens raisonnables, pour signaler les causes qui ont produit cette situation. Il n'y a qu'une voix pour reconnaître qu'avec un peu de bonne volonté et de prévoyance, le ministère pouvait empêcher tout ce qui arrive..... Mais ce n'est pas le moment d'insister à cet égard. L'opinion n'a d'ailleurs plus besoin d'être édifiée, elle sait que penser de tout ce qui se passe. Pour nous, également étrangers, nous avons le droit de le dire, à toutes les fautes qui ont mis la France dans l'état où elle se trouve, notre rôle aujourd'hui est de laisser parler les événements. Dieu veuille qu'ils ne nous donnent pas trop raison.»

Le dénouement est proche. Partout des rassemblements plus ou moin actifs, les rues sont pleines de monde. Des groupes nombreux chantent la *Marseillaise*. Ou continue à crier: *A bas Guizot! Vive la Réforme!*

Il n'entre pas dans notre plan de faire le récit des événements d'où sortirent la révolution de février et la république. Le rôle de la *Presse* durant cette période, voilà ce que nous devons dire, comme nous avons fait jusqu'ici, comme nous continuerons à le faire après.

Le 23, le ministère se retire. Cette nouvelle est partout acueillie avec des transports d'enthousiasme.

Mais la *Presse* voit comment les choses se passent: la troupe refusant de dissiper les attroupements, prenant même le parti de la population contre la garde municipale. Déjà les victoires se comptent. Le char est lancé: Où, quand s'arrêtera-t-il?

« La majorité n'a pas voulu, faute grave, immense, irréparable, peut-être, dit la *Presse* du 24, que le ministère tombât dans la Chambre, il tombe dans la rue, la majorité n'a pas voulu que le ministère tombât, disait-elle dans la boue, il tombe dans le sang ! »

La République est proclamée, le gouvernement provisoire fonctionne, et la *Presse*, — disons mieux, — M. Émile de Girardin, qui a été un des acteurs des derniers jours de la monarchie de juillet, M. Émile de Girardin fait de la *Presse* une tribune d'où il conseille, discute et conclut. Les conseils sont-ils bons? La discussion est son droit, il en use. La conclusion est naturellement comme résultat nécessaire, l'acceptation des conseils. Nous avons dit: Les conseils sont-ils bons? C'est notre opinion — disons mieux, — c'est notre conviction. Son adhésion à la situation comprise et adoptée dans les termes qu'il exprime, la loyauté politique de M. Émile de Girardin ne peut-être mise en doute. Dans une suite d'articles portant en titre : le 25 février, *Confiance! Confiance!* le 26, *Au peuple*; le 27, *la République;* le 28, *pas de Régence,* on ne peut nier que son langage respire la meilleure et la plus grande franchise, qu'il ne manque ni de netteté ni de clarté.

Le 29, on lit dans la *Presse* cet article que les adversaires et les amis de M. de Girardin ont depuis si souvent rappelé :

« La République Française du xix⁰ siècle doit être le triomphe et le règne des idées.

» Nous élevons donc une de nos colonnes à toutes idées justes et utiles. Nous n'aurons que l'embarras du choix.

» UNE IDÉE PAR JOUR

» Tout Français doit en ce moment aux membres du gouvernement provisoire, non-seulement le concours de son bras, mais aussi celui de son esprit appliqué au triomphe des idées dont l'ère vient de s'ouvrir.

» Pourquoi tous les citoyens qui ont une manufacture, une fabrique, une mine, un atelier, un magasin, qui exercent enfin une industrie ou un commerce quelconque, ne seraient-ils pas invités par le gouvernement provisoire à dresser un état nominatif de tous les ouvriers qu'ils occupaient, à la date du 23 février, avec une colonne indiquant tous ceux qui se sont empressés de répondre à leur appel, ou de le prévenir en se reposant de la victoire par le travail?

» Ces états nominatifs seraient signés et certifiés exacts.

» Une médaille serait frappée. Cette médaille porterait :

(d'un côté)

RÉPUBLIQUE FRANÇAISE

24 *Février* 1848

(de l'autre)

VICTOIRE

ET

TRAVAIL

» Cette médaille serait remise à tous les ouvriers citoyens inscrits sur les états nominatifs ci-dessus.
» Ces états nominatifs seraient appelés :

» LES TABLES DU TRAVAIL »

Le 1ᵉʳ mars, sous ce titre : *Réforme électorale et parlementaire*, la *Presse* rappelle qu'elle a toujours proclamé qu'une loi sur l'instruction publique est la base fondamentale de toute bonne loi d'élection ; qu'elle a constamment demandé sous l'ancien gouvernement que l'instruction fût donnée gratuitement à tous les citoyens, et dit :

« Ces sages conseils n'ont pas été suivis.

» *La République doit l'instruction gratuite à tous les Français*, et elle la donnera largement.

» Nous aimons, on le sait, les idées simples ; nous détestons les complications. Voici donc ce que nous proposons :

» Tout citoyen inscrit au rôle de l'une des quatre contributions, âgé de vingt-cinq ans, et domicilié depuis un an, est électeur.

» Tout électeur devra écrire lui-même son bulletin.

» Tout bulletin déclaré illisible par le bureau sera considéré comme nul, et ne sera pas compté.

» Tout électeur est éligible. »

Cet article plein d'idées et de tendances démocratiques, se termine ainsi :

« Le pays attend du gouvernement provisoire une bonne loi électorale, et nous l'aiderons à accomplir cette tâche autant que nous le pourrons. »

Depuis sa fondation, la *Presse* a toujours eu un but auquel elle veut atteindre au plus tôt. Ses impatiences, nos lecteurs les connaissent. Donc les lenteurs du gouvernement provisoire étonnent la *Presse*. Elle prend le parti de ceux qui attendent des résultats du nouvel ordre de choses. Mais c'est le peuple qui attend... Il est bref et logique... Il va toujours par le chemin le plus court (celui qui n'est pas toujours le bon)... Le peuple a raison...

Voici ce qu'on lit dans l'article du 4 intitulé *Administration et politique* :

« Le Gouvernement provisoire, à qui l'on demande des actes et non des intentions, n'avait à faire qu'une seule chose ; proclamer les vœux légitimes du peuple, s'en rendre l'écho en France, en Europe, dans le monde entier.

» Pour cela une seule proclamation suffisait.

» Cette proclamation, en voici, non pas les termes, mais les principaux éléments.

(Suit la proclamation, avec cette formule) :

» *République française.*
» Liberté, égalité, fraternité.
» Peuples et citoyens nos frères... »

Ce document *non officiel* proclame :
Le droit à l'instruction, le droit au travail, la liberté individuelle, la liberté d'association, la liberté d'enseignement, la liberté des cultes, la liberté de la pensée, la liberté des professions, l'éligibilité de tout électeur, l'abolition de la peine de mort. — Deux peines seulement conservées : 1° Domma-

ges-intérêts; 2° bannissement à temps ou à perpétuité.

Voilà, qui pourrait dire le contraire, un programme éminemment large dans le sens démocratique et libéral, et tout à fait dans l'esprit des mœurs et des idées nouvelles. Mais la *Presse*, connaissant les hommes qui devraient faire ce qu'elle dit, ajoute :

« Il se peut que ce langage ne soit pas celui que le gouvernement se propose de tenir.

» S'il en tient un autre, nous croyons qu'il aura tort. »

Elle n'a pas un mot de louange pour la circulaire de M. de Lamartine aux agents diplomatiques de la République Française, où il est dit : « La République veut de la gloire sans doute, mais elle la veut pour elle-même et non pour des César ou des Napoléon. »

Après tout peut-être est-il de l'esprit et du caractère de la *Presse* de démolir avec droit ce qu'elle soutient avec raison. Le 16, son rédacteur en chef, M. Émile de Girardin signe avec tous ses rédacteurs un article hostile à la circulaire de M. Ledru-Rollin relative aux élections de la garde nationale. Et le 18, dans cet article : *Patriotisme, mais impuissance*, elle dit :

« Oser c'est pouvoir! Pouvoir c'est oser! Oser à temps est le moyen de ne pas céder tardivement. On cède trop, on n'ose pas assez.

» C'est là ce que nous disions depuis dix-sept ans.

» C'est là ce que nous disons depuis dix-sept jours.

» Aujourd'hui le *Moniteur* et le Gouvernement provisoire nous donnent pleinement raison.

» Le gouvernement provisoire avoue, il reconnait, il proclame les illusions dans lesquelles il s'était bercé. »

La *Presse* est sur la brèche constamment. Son inépuisable loquacité s'épanche chaque jour à flots dans des articles faits et disposés pour être vus et lus. Lus, ils le sont. Mais ce débordement de nouveautés dont elle inonde le public soulève des contradictions. Aussi lisons-nous dans le numéro du 20.

« On nous dit : Vous avez trop d'idées!

» Nous répondrons : nous n'en avons pas assez.

» Si la France échappe aux difficultés matérielles du moment, elle ne le devra qu'au concours moral des idées.

» Si la France, au contraire, succombait sous les ruines de l'édifice qui s'est écroulé, il n'en faudrait accuser que l'absence d'idées de réorganisation.

» Les idées de l'homme représentent la force intellectuelle, comme les muscles de son corps représentent la force physique.

» Il faut choisir entre l'une ou l'autre de ces deux forces.

» Il n'y aura jamais autant d'idées justes qu'il y aura de bras robustes...

» Le nombre des idées n'est donc pas à craindre; il sera toujours en minorité; il sera toujours trop petit. Plus il sera grand, et mieux pourra s'exercer la faculté du choix. »

Cependant les masses, agitées et troublées, ne goûtaient pas toutes les idées de la *Presse*. Les menaces qu'elles firent entendre donnèrent lieu à cette déclaration de son rédacteur en chef.

» On se trompe si l'on croit que les menaces nous intimideront; on peut briser nos presses et priver ainsi de pain les cinq cents personnes qu'elles font vivre; nous trouverons toujours une feuille de papier pour imprimer ce que nous pensons et des lecteurs pour lire ce que nous aurons écrit; on peut nous tuer de deux manières : par la main d'un lâche, ou par les coups d'une multitude égarée; mais si la République et la Liberté doivent se déshonorer par le meurtre, le seul honneur que nous souhaitons, c'est d'être leur première victime. Glorieux sera le premier martyr qui s'immolera pour donner ainsi l'exemple de la résistance aux terroristes ! Paris tout entier, moins les lâches et les malfaiteurs, assisterait à son convoi ; la France porterait son deuil.

» On peut donc nous tuer sans que nous tentions aucun effort pour nous défendre : mais ce que la violence n'obtiendra jamais de nous, c'est de nous faire taire ou de nous faire fuir.

» EMILE DE GIRARDIN. »

Ces paroles étaient une réplique ferme, hardie aux menaces qui lui étaient faites : la *Presse*, au reste, en ce qui touchait le gouvernement ne songeait guère à contredire le langage qu'elle avait tenu jusqu'alors, car le 29, répondant au *Courrier Français* qui avait écrit : « Il y a dans le gouvernement provisoire deux hommes en qui se personnifient ses deux forces principales : M. de Lamartine et M. Ledru-Rollin... » elle dit :

« La confiance d'une nation dans un ou dans deux hommes ne s'inocule pas au moyen d'articles de journaux. Que les journaux soient la lancette, nous l'accordons, mais du moins faut-il encore le venin. Le *Courrier Français* aura beau dire avec la *Presse* que M. de Lamartine est un homme de liberté ; la *Presse* aura beau dire avec le *Courrier*

Français que M. Ledru-Rollin est un homme de gouvernement, cet accord ne fera pas baisser le change de l'or ni hausser le cours de la rente, si M. de Lamartine et M. Ledru-Rollin ne trouvent pas en eux autre chose que des discours et des circulaires qui se contredisent.

» La France veut des actes et non des paroles. Elle sait ce que les paroles valent.

» On a vu où les admirables discours de M. Guizot, admirés de ses plus violents détracteurs, ont conduit la France.

» Le *Courrier Français* peut sommeiller tranquille : ce n'est pas nous qui séparerons M. de Lamartine de M. Ledru-Rollin. Ce n'est pas nous qui les désunirons. »

Ce même jour, vers huit heures du soir, un attroupement considérable et menaçant débouchait par deux points opposés dans la rue Montmartre aux cris de : *A bas la Presse! Mort à Girardin!* La fermeté de M. Émile de Girardin durant une conversation d'une heure avec les délégués de l'attroupement écarta tout danger. Les presses ne furent point brisées ; M. de Girardin ne fut point mis à mort. Le 1er avril, on lisait en tête de sa feuille :

« La patience et le dédain sont faciles à qui a de son côté le droit, la raison, la prévoyance.

» Au persifflage et à l'injure dont nous sommes ce matin l'objet de la part des journaux optimistes, nous nous bornerons, pour toute réponse, d'en appeler des vociférations d'une bande égarée au bon sens du peuple. C'est au peuple, dont nous n'avons jamais abandonné ni trahi la cause, que nous laissons le soin de nous venger. Puisse-t-il ne pas le faire trop tôt et trop cruellement. »

Cependant la *Presse*, que l'on accusait d'affaiblir le Pouvoir, dit le 3 avril : « Nous nous abstiendrons jusqu'au 4 mai de tout avertissement et de tout blâme. On verra bien alors si c'était nous qui affaiblissions le pouvoir. Mais le 5 mai, reprenant ses coudées franches, elle dit : « C'est à la République à éloigner d'elle ce danger (le suicide) en n'appelant à elle que les hommes les plus capables, en se légitimant par ses œuvres. »

C'était prévenir. En effet, le 9, elle ne se contient déjà plus. Elle dit au gouvernement :

« Neuf semaines de pouvoir ont suffi pour vous faire oublier avec quel sourire de méprisante incrédulité vous accueilliez les ministres de la royauté de 1830, lorsqu'ils demandaient qu'on les plaignît de ce qu'ils étaient assis sur un banc de douleur et de ce qu'ils portaient le *fardeau des affaires*.

» C'est toujours le même langage, et nous croirions les calomnier si nous ajoutions : ce sont les mêmes actes.

» Si ce fardeau est si pesant, aucun devoir, sachez-le bien, ne vous oblige de le garder. Vous pouvez le déposer. La France, qui veut de la liberté, battra des mains à la chute de l'intimidation que vous lui avez infligée, dont l'effet a été de suspendre partout le crédit et le travail et de refroidir l'élan qu'avaient donné, le 25 février, ces deux mots: *Confiance! confiance!* »

On ne peut cependant pas dire que le langage de la *Presse* constitue ce que l'on appelle des attaques ; mais elle a le ton passablement aigre et sa persistance n'est pas d'un bon augure.

Des événements prévus allaient éclater. La *Presse*, fidèle à son double rôle, s'écrie le 14 : « Le sort de la liberté, certainement celui de la France, peut-être, se décideront demain lundi, 15 mai ! » S'en prenant aux partis : « Peu importe la France! dit-elle; peu importe la liberté! On ne songe qu'à son parti et à soi.

» A qui on ne songe pas surtout, c'est au peuple qui a toujours payé les frais de toute guerre.

» L'Assemblée nationale est avertie.

» La Pologne est le prétexte.

» La terreur est le but. »

L'émeute du 15 est pour elle naturellement un sujet de récriminations contre le gouvernement. Vient la vérification des pouvoirs des représentants élus; elle s'emporte presque contre les républicains de la veille qui veulent proscrire Louis-Napoléon Bonaparte, appuyant leur opinion d'un discours de M. Jules Favre qui trouve que le moment est mal choisi au moment où les suffrages l'acclament à des centaines de mille. En même temps elle constate que dans la soirée de la validation de cette élection, des rassemblements nombreux ont fait entendre le cri de Vive Napoléon.

Peut-être aurait-on lieu d'être surpris de voir la *Presse* prévenue ainsi favorablement pour le prince Louis Bonaparte, si on ne lisait le 22 juin :

COURT DIALOGUE

« — Il faut que cela aille plus mal encore !

» — Pourquoi donc ?

» — Parce que nous n'avons plus qu'un moyen de garder le pouvoir qui nous échappe...

» — Quel moyen ?...

» — C'est de rendre nécessaire la dictature du général Cavaignac.

» — Mais c'est un caractère indécis, un esprit faible...

» — Qu'importe, on ne le sait pas, et cette faiblesse a pour correctif 60,000 hommes de troupes à Paris et dans les environs. Nous n'attendons plus que la circonstance ; elle ne se fera pas longtemps attendre. »

Ce *Court dialogue* reviendra plus d'une fois dans la *Presse*, mais, en attendant, le 25 juin, à trois heures, un commissaire de police se présente dans les bureaux de la *Presse* et exhibe un ordre portant que « le préfet de police, et tout agent de la force publique, sur le vu du présent arrêté, fera arrêter le citoyen Émile de Girardin et supprimer le journal la *Presse*. » Cet ordre est signé E. Cavaignac. Immédiatement les scellés sont apposés sur le matériel servant à l'impression du journal et M. de Girardin est conduit à la prison de la Conciergerie.

La *Presse* reparait le 7 août [1]. On lit en tête de ses colonnes :

---

[1]. Ce numéro est précédé de trois documents justificatifs :

1º Documents pour servir à l'histoire.

2º Histoire d'un mois du 25 juin au 25 juillet 1848.

3º Le général Cavaignac devant la commission d'enquête nommée par l'Assemblée nationale.

Sous le titre on retrouve le Court dialogue du 22 juin, suivi de cette interrogation :

« Supprimée sans motifs, la *Presse* reparaît sans conditions.

» L'interdit qui l'avait frappée le dimanche 25 juin à trois heures, a été levé ce soir dimanche 6 août à cinq heures.

» Elle reparait après une suspension qui a duré quarante-deux jours, suspension prononcée sans jugement, sans condamnation, suspension qui n'a pu se proposer qu'un seul but : la ruine et la chute d'un journal dont aucune considération n'avait pu faire fléchir l'indépendance et mentir le langage.

» Qualifier un tel acte, ce serait l'affaiblir.

» L'histoire le jugera !

» La *Presse* reparaît n'ayant sollicité aucune grâce, contracté aucun engagement, conservé aucun ressentiment.

» La *Presse*, depuis qu'elle existe, a toujours en-

« Oui ou non, cette prédiction de la *Presse* s'est-elle ponctuellement réalisée ? »

Et de cet autre dialogue :

« La *Presse* attaque le général Cavaignac ?

» — Non ; elle défend la France, que le *National* a déjà ruinée, et qu'il veut achever de confisquer, pour quatre ans. Si la *Presse* lutte avec énergie, encouragez-la donc, car la *Presse* est seule à répondre à vingt journaux à Paris et à cent journaux dans les départements ameutés contre elle. Quand M. Cavaignac aura été élu président de la République, il ne sera plus temps de l'empêcher ! »

seigné que la générosité était la politique de la force. »

Le 8, elle reproduit, d'après le *Moniteur*, le décret du pouvoir exécutif qui lève la suspension prononcée par l'arrêté du 27 juin contre onze journaux, qu'elle fait suivre de ces lignes :

» En enregistrant cet arrêté du 6 août, nous renouvelons de la manière la plus formelle et la plus énergique notre protestation contre l'arrêté du 25 juin qui a supprimé ou suspendu onze journaux.

» Le pouvoir exécutif n'avait pas ce droit. »

Le 25 août, la *Gazette de France* est suspendue. « La *Gazette de France* est le plus ancien des journaux de Paris » dit à ce propos la *Presse*.

Le 28, elle publie la fameuse protestation des journalistes, dont son rédacteur en chef a signé le procès-verbal.

L'Assemblée nationale a rejeté à la majorité de 505 voix contre 238, le projet de décret du comité de législation portant que pendant la durée de l'état de siége les journaux *condamnés pourront être suspendus*. Après ce rejet l'Assemblée, à la majorité de 457 contre 276, a écarté par le vote de la question préalable la proposition de M. Crespel de Latouche portant « que les décrets des 24 et 28 juin ne donnent pas et n'ont pas pu donner au pouvoir exécutif le droit de *supprimer ou de suspendre arbitrairement la liberté de la presse...* Que l'Assemblée nationale déclare *qu'aux tribunaux seuls appartient le droit*, même en temps d'état de siége, *de réprimer les délits commis par la voie de la Presse.* »

« Il ne faut pas s'abuser sur la portée de ce double vote, s'écrie la *Presse*; elle est immense.

» L'autorité du chef du pouvoir exécutif n'a plus de bornes.

» La liberté de la presse a cessé d'exister en France. »

Comme conséquence de cette situation, son rédacteur en chef, M. de Girardin, s'adressant à ses lecteurs, leur annonce « qu'il ne *lui* reste plus qu'à se retirer d'une lutte où *il* se reconnaît vaincu... Jusqu'au jour ou par suite, soit d'un autre vote de l'Assemblée nationale, soit de la levée de l'état de siége, soit, enfin de la promulgation de la constitution, la liberté d'exprimer *sa* pensée *lui* sera rendue, sous la seule réserve de *se* renfermer dans les limites tracées par les lois. »

Depuis le 4 septembre, la *Presse* est tout émaillée de citations en faveur de la liberté de la presse empruntées à Armand Marrast, Armand Carrel, Victor Hugo, Ledru-Rollin, Émile de Girardin, Mirabeau, Robespierre, Camille Desmoulins. Ces citations sont un reproche à l'adresse du général Cavaignac qui a outre-passé ses pouvoirs en supprimant la *Presse*, en faisant incarcérer M. Émile de Girardin.

Le temps ne saurait calmer l'irritation de cette feuille. Elle se rappelle sans cesse, et en se rappelant elle lance au cœur de l'ennemi le trait vengeur.

« Quel gâchis! quel galimatias! quelle misère profonde! » s'écrie-t-elle le 17 octobre.

Le 24, la constitution est votée. « Tous les pouvoirs exécutifs sont délégués à un président qui reçoit le titre de *Président responsable.* »

Serait-elle satisfaite? Voyons ce qu'elle pense de cette disposition :

« Est-il un titre plus simple et cependant plus solennel : *le Président responsable?*

» Oui, responsable, car la responsabilité est d'essence républicaine, comme l'inviolabilité est d'essence monarchique. Qui dit *hérédité* dit *inviolabilité;* qui dit *délégation,* dit *responsabilité.*

» Au lieu d'un président responsable, qu'a-t-on fait?

» Un roi temporaire, une royauté de troisième degré.

» Ce qu'une telle royauté durera, on le verra! »

Son parti est bientôt pris. Discutant l'élection

présidentielle, et passant en revue les candidats, elle dit :

« M. Louis-Napoléon Bonaparte aura l'immense majorité dans les campagnes et dans beaucoup d'ateliers où le nombre des années écoulées, les revers de 1814 et de 1815, et la captivité de Sainte-Hélène semblent avoir plutôt grandi que diminué l'ombre, le prestige, le souvenir de l'Empereur ; — il aura les votes de beaucoup de légitimistes qui, ne croyant pas à la durée de la République, diront que comme il faudra inévitablement passer sur la planche napoléonienne pour en revenir à une troisième restauration, le plus court est d'y passer tout de suite, parce qu'on y gagnera le temps que durerait M. Cavaignac ou tout autre président. — Il aura les voix de tout ce qui, dans le commerce et l'industrie, n'aperçoit pas une autre issue pacifique pour sortir du provisoire. — Il aura enfin les suffrages de tous les hommes sensés et prévoyants qui raisonnent ainsi : M. Cavaignac président, élu pour quatre années, ne fera ni autrement ni mieux qu'il n'a fait pendant tout le temps qu'il a été investi de la dictature et de la présidence du conseil. »

Et après avoir énuméré les garanties qu'ils présentent et leurs chances diverses, elle conclut ainsi :

« En resumé :

» M. Cavaignac, c'est l'incarnation du *National;*

» M. de Lamartine, c'est la modération;

» M. Ledru-Rollin, c'est l'intimidation;

» M. Thiers, c'est l'intervention;

» M. Bugeaud, c'est l'arbitraire;

» M. Louis-Napoléon, c'est l'avenir.

» C'est l'avenir! parce que la constitution ayant décidé qu'un président de la République serait élu, il simplifie tout et n'exclut rien. »

Le 29 elle est plus formelle.

« Rien ne nous coûtera, dit-elle, pour assurer la candidature de M. Louis-Napoléon Bonaparte.

» Nous n'avons pas eu à choisir M. Louis-Napoléon Bonaparte; il nous a été imposé par le chapitre 5 de la constitution. »

Le 5 novembre, la *Presse* s'explique en ces termes sur les deux candidats qui selon toutes les probabilités réuniront le plus grand nombre de suffrages :

« M. Cavaignac n'a pas de programme à faire; son passé est là pour dire ce que sera son avenir.

» Quant à M. Louis-Napoléon Bonaparte, le grand avantage de sa position est de n'être lié par aucun antécédent qui l'engage; c'est de n'être rivé à la chaîne d'aucune coterie; c'est d'avoir la plénitude de sa liberté; aussi nous ne comprendrions pas qu'il se privât de cet avantage par la publication d'un programme. Nous avons en fait de programmes les mêmes opinions qu'en fait de constitutions. »

La guerre de la *Presse* contre le général Cavaignac touche à la violence; il n'est pas de jour où, dans toutes ses colonnes, le chef du pouvoir exécutif ne soit pris à partie dans le langage le plus acerbe, et surtout mis en défaut, avec une adresse, un tact infini, par la contradiction manifeste de ses actes avec ses prétendues intentions. Elle ne se contente pas de dire ce qu'il est, ce qu'il fut; son père, le conventionnel Cavaignac, son frère, Godefroy Cavaignac, sortent de la tombe, et leurs actes incriminés témoignent contre la capacité et la droiture politique du général. Elle reproduit à propos le COURT DIALOGUE du 22 juin [1]; et dans une suite de numéros, du 8 au 27, ce fameux acte d'accusation qu'elle a dressé et intitulé : *M. Cavaignac devant la commission d'enquête*, le général est constamment sur la sellette. Accusé, il ne répond pas : La *Presse* a véritablement beau jeu. La prose des invectives ne suffit pas : La *Muse de la Patrie*, implacable et vengeresse, éclate elle-même en indignation [2].

Enfin le grand jour s'approche. Le 29, on lit en

1. Voyez, pages précédentes.
2. *24 juin — 24 novembre*, signé, Delphine Gay de Girardin. Voir la *Presse* du 24 novembre 1848.

tête de la *Presse*, imprimé en gros caractères, un document ayant pour titre : *Louis-Napoléon Bonaparte à ses concitoyens.* Elle rappelle à ce sujet qu'elle n'était pas d'avis que M. Louis-Napoléon Bonaparte publiât une pièce ressemblant à un manifeste. Mais la publication admise du manifeste, elle en approuve les termes; elle trouve qu'il offre des garanties sans créer des difficultés, et qu'il est à la fois précis et élevé, deux qualités rares à trouver réunies.

« Sans doute le titre de chef électif dans un aussi grand pays que la France, dit-elle, est un immense honneur, mais c'est aussi un immense péril. Souhaiter l'un, c'est affronter l'autre.

» Chacun son œuvre.

» Nous avons prouvé que Louis-Napoléon Bonaparte était *nécessaire*.

» Il a prouvé, lui, qu'il était *capable*. »

Le 5 décembre, elle indique la formule du bulletin de vote en faveur de M. Louis-Napoléon Bonaparte. Le 13, dès que les premiers résultats sont connus, elle s'écrie : « C'en est fait! la France se déclare avec un entraînement irrésistible. Le nom de Louis-Napoléon Bonaparte jaillit de toutes les urnes comme la flamme d'une traînée de poudre. » Et le 14 : « Il demeure évident que Louis-Napoléon Bonaparte aura beaucoup plus de voix que la *majorité absolue*. Ce n'est pas une élection, c'est une acclamation. »

Maintenant voici ce qu'on lit dans la *Presse* du 21, après la proclamation officielle du président de la République :

« Nous nous abstiendrons de toutes réflexions prématurées ; c'est sur ses actes que nous jugerons le nouveau Cabinet ; c'est lui qui règlera la mesure du concours que nous aurons à lui accorder ; ce concours ne lui fera pas défaut s'il sait mettre en équilibre le pouvoir le plus fort avec la liberté la plus large, ce double but que nous poursuivons depuis tant d'années, et qui, à chaque effort que nous faisons pour en approcher, semble fuir plus loin devant nous. »

« Maintenant que le président a été proclamé et que le nouveau Cabinet est définitivement formé, rien ne nous empêche plus de livrer à la publicité la note suivante qui porte avec elle la date du jour où elle a été remise. »

« Note remise le 14 décembre 1848

au président de la République [1]. »

1. Cette note par ses développements ne peut trouver place ici ; nous renvoyons ceux de nos lecteurs curieux de la connaître, à la *Presse* du 21 décembre 1848.

La *Presse* a triomphé; il semble qu'elle doit être au comble de ses désirs. Mais nous laissons nos lecteurs libres de penser ce qu'ils voudront de ce début de la *Presse* du lendemain 22 décembre :

« La composition du nouveau cabinet n'est pas telle que nous l'eussions conçue, telle, peut-être, que l'espérait la France et que l'attendait l'Europe après l'éclatante élection du 10 décembre et dans des circonstances aussi graves que celles à l'épreuve desquelles sont mis la plupart des gouvernements et des peuples.

» Mais il ne s'agit pas du cabinet tel qu'il aurait pu être, il s'agit du cabinet tel qu'il est; ce qu'on en pourrait dire, ce qu'on en dit déjà, nous le savons; mais nous savons aussi qu'eût-il été composé différemment, il n'eût en aucun cas échappé aux traits de la défiance et de la critique. »

Durant cette courte période si remplie d'événements, où la politique tient tant de place dans la *Presse*, la littérature s'est vue étroitement confinée dans le rez-de-chaussée du journal; et les lecteurs de cette feuille ont pu se reposer d'une polémique endiablée en lisant : *La chasse au roman*, de Jules Sandeau; les *Mémoires d'Outre-Tombe*, de Châteaubriand; *Femme et Tigre*, de Marc Fournier; *Deux étoiles*, de Théophile Gautier. Deux écrivains jeunes et nouveaux sont entrés à la *Presse :* l'un, M. Arthur de la Guéronnière, dans la partie politique par sa *Lettre sur la République*, adressée à M. Émile de Girardin; l'autre, M. Charles Monselet, dans la partie littéraire par une suite d'*Études* sur Châteaubriand et autres.

IX

1849 — 1850 — 1851

Conseils et idées de la *Presse*. — Un ministère idéal. — Son opinion sur l'Assemblée constituante. — Paris agité. — Cris. — Interpellations à la *Presse*. — Ses réponses. — Montalembert et le suffrage universel. — Avis de la *Presse*. — *Louis-Napoléon Bonaparte empereur*. — Défiance de la *Presse*. — Ce qu'elle pense de la répression et de la paix. — Expédition de Rome. — Message présidentiel. — L'*Arrêt de la cour de Versailles*. — Articles de la *Presse*. — Bruits de coups d'État. — Sécurité de la *Presse*. — Réponse à l'opinion publique. — Liste républicaine. — Avis au peuple. — *A nos lecteurs*. — Révision de la Constitution. — Le suffrage restreint. — Amendement de M. de Tinguy. — Coup d'œil rétrospectif de la *Presse*. — L'*Empire après dîner*. — La *Presse* prophète. — Réception à l'Élysée. — M. le général Changarnier. — Nouveau Cabinet. — Rejet de la dotation. — M. Michelet. — La Kabylie. — Saisie de la *Presse*. — Tactique. — Deux articles modèles. — Le 2 décembre. — M. de Girardin, M. J. Perrodeaud. — Le oui de la *Presse* sur le vote du plébiscite. — M. J. Perrodeaud. — Rédacteurs politiques de la *Presse* avant le 2 décembre. — Publications littéraires.

La *Presse*, fidèle à son rôle de conseillère, inaugure ainsi l'année 1850 :

« L'année qui finit lègue à l'année qui commence de profonds enseignements dont il est à souhaiter que celle-ci profite. »

Ce début, quoique solennel, est d'une sobriété de ton qui n'est pas dans les habitudes de la *Presse*. Elle est d'un calme que les lignes écrites le lendemain de la proclamation du président de la République, lignes que nous avons citées dans le chapitre précédent, étaient loin de faire présager. Voilà sans doute pourquoi, sans abandonner le terrain qui lui est familier, moins agressive, elle est à la recherche de combinaisons à l'aide desquelles on parviendrait bientôt à simplifier tous les rouages gouvernementaux. Nous lisons le 6 janvier :

« Sully était à la fois :

» Surintendant des finances ;

» Grand-maître de l'artillerie et des fortifications ;

» Surintendant des bâtiments ;

» Capitaine héréditaire des canaux et des rivières.

» Colbert était à la fois :

» Contrôleur général des finances ;

» Ministre de l'intérieur ;

» Ministre du commerce ;

» Ministre de la marine ;

» Surintendant des bâtiments.

» Pourquoi trois ministres? Ne serait-il pas plus simple de n'en avoir qu'un seul qui ferait ce que faisait M. le duc de Bassano, en sa qualité de secrétaire d'État, qui centraliserait tout le travail, qui l'annoterait et en rendrait compte au président de la République, comme le duc de Bassano en rendait compte à l'empereur?

» Ce n'est pas parce qu'un seul ministre aurait trop à faire, car pour suffire à sa tâche il n'aurait qu'à écarter les détails et qu'à élever les questions; ce n'est pas pour ce motif; la raison pour laquelle nous insistons sur ce chiffre de trois ministres : c'est qu'avec ce nombre on a tous les avantages de l'unité dans le pouvoir, et l'on n'a pas les dangers d'une autorité sans contre-poids. »

En fait de cabinet, voici l'idéal de la *Presse* :

« Un cabinet composé d'illustrations monarchiques.

» Un cabinet composé de sommités républicaines.

» Un cabinet si simple, grâce au perfectionnement des choses, qu'il permette au président de la République de ne subir la loi d'aucun parti et de n'avoir rien à redouter de la majorité.

» Mais, dit-on, un tel cabinet n'est pas possible et ne serait pas durable.

» *Possible!* — Deux heures suffiraient pour le former.

» *Durable!* — Tous les efforts qu'on tenterait

pour le renverser ne serviraient qu'à l'affermir. »

De longtemps les hommes de 1848 ne seront pas les amis de la *Presse*; elle ne cache nullement son vif désir de les voir disparaître de la scène politique.

« L'Assemblée constituante a fait son œuvre et son temps, dit-elle le 10 ; elle a fait son œuvre, car elle a voté la constitution ; elle a fait son temps, car elle dure depuis le 4 mai : ce qui fera neuf mois pleins le 4 février.

» Soit; ce n'est pas nous qui nous opposons à la retraite d'une Assemblée élue sous le coup de l'intimidation, de la fraude et de la violence, et qui compte sur ses bancs un beaucoup trop grand nombre de commissaires qui n'auraient jamais dû s'y asseoir, si tous les principes n'avaient été foulés aux pieds, à commencer par celui de l'incompatibilité des fonctionnaires du gouvernement et le mandat de représentant. »

Le 12, l'Assemblée nationale a pris en considération, à la majorité de 401, la proposition de M. Rateau, relative à la dissolution.

« Majorité relative 3, absolue 1, » dit tristement la *Presse*.

Le 29 Paris est agité. De grands déploiements de

troupes ont lieu sur tous les points. On crie: *Vive la République ! Vive le président! Vivent les clubs ! A bas le ministère ! Vive l'amnistie !* Des troupes de ligne et de cavalerie occupent les abords du palais de l'Assemblée. Mais la *Presse* n'est saisie d'aucune crainte à ce spectacle : « Heureusement, dit-elle, nous avons été bientôt rassurés. La guerre civile n'est point à nos portes, la population est tranquille; aucun drapeau blanc ou rouge ne se dresse en face de la Constitution et du gouvernement de Louis Napoléon. »

Interpellée sur la neutralité qu'elle garde depuis les premiers symptômes d'agitation, elle réplique : « On veut absolument que la *Presse* parle. Que veut-on qu'elle dise? — On répond : — La *Presse* est un journal de lutte, il doit lutter : c'est une sentinelle, elle n'a pas le droit de se taire.

« Soit, continue-t-elle. Mais quand la *Presse* a annoncé trois mois à l'avance ce qui arrive trois mois après, que peut-elle faire? Où il faut qu'elle réimprime ce qu'elle a écrit, ou il faut qu'elle continue à veiller et à avertir ; si elle invoque ce qu'elle a dit, on l'accuse de se répéter, de se citer sans cesse, et si, au lieu du passé, c'est l'avenir qu'elle interroge, si elle signale les écueils assez tôt pour qu'on ait le temps de les éviter, alors sa voix se perd dans l'immensité de ce désert qui s'appelle l'Imprévoyance. »

M. de Montalembert voudrait que le suffrage universel fût dirigé de manière à faire prévaloir toujours l'influence de la campagne. Mais ainsi organisé, suivant la *Presse*, il ne reproduirait qu'un des aspects de la société, il ne serait que la moitié de la société. Une telle application ne répondrait pas à ce qu'il exprime.

« Quel est le but du suffrage universel ? dit-elle le 19 février. Ce n'est pas, sans doute, d'établir la prépondérance d'une classe ou d'un parti ; ce n'est pas de fonder la domination des villes sur les campagnes, ou des campagnes sur les villes ; ce n'est pas de fractionner la société et de faire revivre, sous d'autres noms, sous d'autres formes, les antagonismes qui ont disparu sous le niveau constitutionnel. Le suffrage universel, c'est le miroir de la conscience publique. Il faut que la société s'y reproduise sous tous ses aspects, avec toutes ses idées, toutes ses souffrances, tous ses besoins et même toutes ses observations. »

Rendons cette justice à la *Presse*, quelle ne cesse de réclamer les libertés favorables aux idées et aux institutions démocratiques. Elle ne cesse de pousser le gouvernement dans cette voie, et pour arriver à ce but elle n'épargne ni les avertissements ni les conseils.

« La République de 1848, à peine fondée depuis quelques mois, dit-elle le 5 mars, s'est laissé glisser sur la même pente que l'Empire, la Restauration et le Gouvernement de 1830, entraînée par les mêmes illusions. Elle a voté la loi du 28 juillet contre l'exercice du droit de réunion, et les lois du 11 août contre la liberté de la *Presse*.

» La République croit que par ces lois elle s'est fortifiée. Nous croyons, nous, que par ces lois elle s'est affaiblie. »

La liberté du vote ne lui paraît pas moins pernicieuse, et elle dit à la veille des élections : « Que dans chaque département, chaque parti ait son comité, et que chaque comité ait sa liste. » En même temps elle tonne contre *La rue de Poitiers* dont elle accuse le comité de vouloir mettre en tutelle le président de la République.

Elle ne voit pas d'un bon œil l'expédition de Rome, et dès le 18 avril, elle formule ainsi sa pensée : « A quelque point de vue que nous essayions de nous placer, nous ne saurions trouver une considération, une seule qui motive l'expédition de Civita-Vecchia, une seule qui n'en soit pas la condamnation formelle. »

Le 23 mai, elle publie un article intitulé : *Louis Napoléon Bonaparte empereur* :

Des bruits de coup d'État circulent sourdement. La *Presse* se plaint que de perfides conseils sont donnés au président d'en finir avec le suffrage universel et de se faire nommer empereur.

« Quiconque donnerait au président de la République le conseil de tenter un coup d'État serait un traître ou un imbécile qu'on devrait faire arrêter et conduire soit à Vincennes, soit à Charenton.

» Loin de simplifier la situation, un coup d'État l'aggraverait.

» Ce serait la condamnation du président; ce serait le signal d'une Révolution qu'aucune main ne serait assez forte pour arrêter.

» Toute pensée de coup d'État doit donc être écartée; ce n'est pas par la force, c'est par l'habileté qu'il faut vaincre les difficultés de la situation...

» Un diadème posé sur une tête n'y a jamais fait entrer une idée de plus que ce qu'elle en pouvait contenir.

» Les couronnes attirent maintenant la foudre révolutionnaire et ne la détournent plus. »

Ce même jour, à l'Assemblée nationale, au moment de lever la séance, M. Crémieux a pris la parole pour appeler l'attention des représentants sur un article dans lequel la *Démocratie pacifique* donnerait des détails sur un projet de coup d'État. L'article de la *Presse* (*Louis-Napoléon Bonaparte empereur*) a été lu à la tribune, et à ce sujet, la *Presse* dit que cet article n'a pas été publié inconsidérément, et déclare loin d'elle la pensée de jeter aucun soupçon sur les intentions du président de la République et sur celle du président du Conseil. Elle dit : « Que les auteurs de ces suggestions insensées et coupables sachent que toutes les précautions sont prises, et bien prises pour empêcher qu'ils ne réussissent. »

C'est là, si nous ne nous trompons, le langage d'un journal bien informé.

La *Presse* est en défiance perpétuelle de tout ce qui lui paraît contraire à l'affermissement et au maintien du pouvoir du président de la République. Aussi murmure-t-elle le 3 juin en voyant M. Dufaure prendre possession du portefeuille de l'intérieur dans le nouveau cabinet dont M Odilon Barrot conserve la présidence, M. Dufaure, ministre de l'intérieur au 15 octobre 1848, ennemi passionné du compétiteur du général Cavaignac, dont il était un des plus fermes soutiens.

La *Presse* condamne la répression, surtout quand elle est inutile, c'est-à-dire quand tout danger est passé, quand on n'a plus rien à craindre des fauteurs de troubles. Sa joie n'est donc pas sans amertume le 14 juin, en rendant compte de la manifestation du 13 qui aboutit à la scène du Conservatoire des Arts-et-Métiers. Paris et toute la circonscription comprise dans la première division sont mises en état de siége ; le décret de permanence de l'Assemblée est affiché au coin des rues. « L'émeute s'est évanouie dans la rue, heureusement sans effusion de sang, dit-elle. Paris est calme, l'inquiétude a cessé : les répressions commencent. — L'état de siége ! où commence-t-il ? où s'arrête-t-il ? dit-elle encore. La loi qui devait le définir est encore à faire. Pour décréter l'état de siége, on n'a pas même attendu qu'elle fût faite. »

La répression ne se borne pas à l'état de siége. La publication des journaux le *Peuple*, la *Révolution démocratique et sociale*, la *Vraie République*, la *Démocratie pacifique*, la *Réforme*, la *Tribune des Peuples* est suspendue. La *Presse* dit en jetant son blâme sur de telles rigueurs : « On va voir ce que l'autorité aura gagné à opprimer la liberté. »

Le 29 elle termine ainsi un article intitulé : *Jusqu'où l'on va* :

« La paix n'est plus possible qu'avec la liberté.

» Liberté pour les rouges !

» Liberté pour les bleus !

» Liberté pour les blancs !

» Liberté pour tous !

» Liberté pour la vérité ; liberté pour l'erreur, car l'erreur n'a pas de plus redoutable ennemi que la liberté.

» Liberté enfin, pour la minorité, car avec le suffrage universel, la majorité de mai 1849 peut devenir la minorité de mai 1852 !

» Aveugle est qui l'oublie. »

A propos de l'expédition de Rome, la *Presse* s'exprime en ces termes le 1er août :

« M. Louis-Napoléon Bonaparte dit : « Une grande nation doit ou se taire, ou n'avoir jamais parlé en vain... » A l'époque où il s'exprimait ainsi, M. Louis Bonaparte aspirait à la présidence de la République. Depuis qu'il y est parvenu, la France a parlé, mais elle a parlé en vain. M. Barrot avait déclaré à la tribune que nous nous jetions entre la République romaine et le pape pour protéger les idées libérales et les institutions constitutionnelles contre les entreprises réactionnaires de tous leurs ennemis nationaux et étrangers. On sait maintenant, après la proclamation du pape, de quel poids la parole de la France a pesé dans les conseils de Gaëte. Une lettre au général Oudinot, une décoration au colonel Niel, et deux ou trois compliments hyperboliques de cardinaux, voilà le résultat le plus net de notre expédition.

« Est-ce là ce que le gouvernement était allé chercher à Rome ? »

Le 1ᵉʳ novembre, message du président de la République. Le général d'Hautpoul est ministre de la guerre avec la présidence du conseil. Les journaux s'étonnent du silence gardé par la *Presse* sur le message du président de la République et sur la formation du nouveau Cabinet. Rien de moins étonnant suivant elle : « Après les démentis que MM. Barrot et Dufaure ont donnés à tout leur passé d'opposition, dès qu'ils ont eu entre les mains le Pouvoir, La *Presse* n'a aucun motif de prendre parti pour le Cabinet qui tombe contre le cabinet qui s'élève. »

Ce qui ne l'empêche pas d'ajouter que le programme lu par le général d'Hautpoul à l'Assemblée a été une déception pour tout le monde ; que ce programme c'est le message présidentiel calqué derrière une vitre de l'Élysée.

Voici l'article de la *Presse* du 11 novembre, intitulé : *L'Arrêt de la cour de Versailles* [1], avec cette épigraphe : « Laissez donc de côté ces haines, ces rivalités de parti ; élevez-vous à la hauteur d'un

---

1. Affaire du 13 juin

principe; n'ayez d'autre préoccupation que le bien du pays, et surtout n'ayez pas peur du peuple, il est plus conservateur que vous ! »

« C'est M. le procureur général Baroche qui a lu hier, 13 novembre 1849, les conclusions dans lesquelles, après avoir rappelé les réponses du jury, il demandait contre les accusées reconnus coupables l'application des articles 87, 89 et 91 du code pénal, modifiés par l'article 5 de la Constitution, qui abolit la peine de mort en matière politique.

» Peu de mois auparavant, en mars 1848, le même M. Baroche, s'adressant aux électeurs de la Charente-Inférieure, leur écrivait :

» J'étais des cinquante-quatre membres de la Chambre qui, dévançant de quelques heures la justice du peuple, avaient proposé la mise en accusation d'un ministère odieux et coupable. »

» Toute l'histoire de notre pays et de notre temps est dans ce triste rapprochement.

» Temps honteux où l'on courbe lâchement la tête quand il faudrait courageusement la lever ; où on la lève avec arrogance, quand on devrait par pudeur la courber ! Méprisable époque, marquée à la double effigie de l'inconséquence et de l'intolérance ! Pays voué à l'idolâtrie du succès, et constamment prêt à lui sacrifier tout : conscience, justice et dignité, principes, hommes et choses. »

Depuis la révolution de février, les articles de la *Presse* ont généralement un titre qui en donne l'idée. Dans un article du 5 janvier 1850 : *Les actes et les intentions*, après avoir cité les interpellations de M. Louis-Napoléon Bonaparte au nom de l'empereur Napoléon, du fond de la prison de Ham, au roi Louis-Philippe, citations prises dans le tome 1er des *Œuvres de Napoléon III*, la *Presse* dit :

« A notre tour nous demandons à M. Louis-Napoléon Bonaparte, du droit que nous a donné l'énergique et décisif concours que nous avons prêté à sa candidature, alors qu'elle n'excitait encore que le dédain, les railleries et l'injure, nous lui demandons : « Qu'avez-vous fait, depuis le 20 décembre, de l'immense pouvoir que vous teniez de cinq millions et demi de suffrages; deux millions de suffrages de plus que le vainqueur d'Arcole et d'Aboukir n'en avaient recueilli pour arriver au consulat; que le premier consul n'en avait recueilli pour s'élever du consulat à l'empire ?

» Qu'en avez-vous fait?

» Cette demande, nous vous la faisons avec tristesse, mais sans amertume, car nous distinguons entre vos actes et vos intentions.

» Non, il ne se peut pas, qu'après avoir écrit ce que vous avez écrit à Arenenberg et à Ham, risqué ce que vous avez risqué à Strasbourg et à Boulogne, souffert ce que vous avez souffert dans l'exil et dans la captivité, dit ce que vous avez dit avant et après votre retour de Londres ; non, il ne se peut pas qu'héritier du nom et dépositaire de la gloire dont vous serez responsable devant la postérité, vos intentions ne soient pas ce qu'elles s'annonçaient, quand, bravant les sarcasmes et les dangers, nous donnions à la sincérité de vos paroles notre publicité pour caution; non, il ne se peut pas que l'immortalité oblige moins que la noblesse; non, il ne se peut pas que vous ne soyez point l'homme de France le plus malheureux d'avoir fait, d'un pouvoir si grand, un usage si petit. »

Le 4 : « Il y a quelque chose de plus triste encore que de mourir : c'est de ne pas vivre. Le gouvernement et la majorité en sont là ! »

Le 13, nouveaux bruits de coups d'État. La *Presse* ne veut pas en entendre parler : « Que parle-t-on encore de coups d'État?... Vrais ou faux, nous dédaignons ces bruits. »

Le général Cavaignac a d'ailleurs déclaré à la tribune qu'il défendrait la Constitution et la Républiau péril de sa vie. Là est la garantie de la *Presse*. Le général Lamoricière et les autres généraux qui font partie de l'Assemblée ne conserveraient pas leur épée dans le fourreau, si le général Cavaignac était obligé de tirer la sienne.

Le 16, la *Presse* est saisie pour avoir publié l'extrait d'un article incriminé, il est vrai, mais reproduit en entier précédemment par une feuille judiciaire.

On lui demande chaque jour par lettres quand se feront les élections. Elle répond :

« Les élections auront lieu quand il plaira au gouvernement, car le régime actuel est celui de l'arbitraire et du bon plaisir. Jamais pouvoir ne fut à la fois plus absolu et plus impuissant. Respect de la légalité et droits de la minorité sont des mots qui n'ont plus aucun sens en France; ils appartiennent à d'autres temps et à d'autres pays.

» Nous ajouterons que si le gouvernement retarde la convocation des colléges électoraux, c'est qu'apparemment il a le sentiment qu'il fait fausse voie, et qu'il redoute d'être condamné par l'opinion publique. »

Le 3 février, elle revient aux bruits de coups d'État. « La malveillance s'obstine à prêter au président de la République des desseins de coups d'État et d'usurpations qu'il repousse en poursuivant les journaux qui s'en rendent les échos. »

Et le 5, elle dit en s'adressant *Au peuple :* « s'il est vrai qu'on veuille provoquer le peuple, quelle conduite doit-il tenir? Déconcerter la provocation par l'imperturbabilité dédaigneuse que donne le sentiment de la force dans le droit. — Le peuple a vu le piége ; il n'y tombera pas. »

Le 8, répondant à l'*Opinion publique*, elle dit :

« Ce que veut la *Presse*, ce qu'elle a toujours voulu, ce qu'elle a toujours poursuivi, sous tous les ministères, sous tous les régimes, c'est ce qui suit :

» Le triomphe de la liberté ;

» La destruction de l'arbitraire ;

» La suppression des abus ;

» L'avènement des réformes ;

» La simplification administrative ;

» La réduction des budgets :

» La transformation des impôts ;

» La substitution de l'Idée à la Force ;

» L'abolition du service militaire obligatoire en temps de paix :

» L'instruction publique appropriée à l'esprit et aux besoins de notre temps :

» L'extinction du paupérisme...

» Arrêtons nous à ce dernier mot. »

L'*Opinion publique* trouve que la monarchie est la forme du gouvernement la plus propre à étendre les libertés. — « Quelles sont donc les libertés, lui demande à son tour la *Presse*, dont la France a dû le développement à l'initiative royale, et qui n'ont pas été une conquête du peuple, c'est-à-dire une conquête du droit sur l'abus? »

Le 25, elle publie la liste républicaine des élections du 10 mars, portant ces noms : Carnot — Vidal — de Flotte.

Le 15 mars, le résultat définitif du scrutin est connu : MM. Carnot — Vidal — de Flotte sont élus. La *Presse* invite le peuple à ne pas se rendre sur la place de l'Hôtel de ville pour la proclamation des nouveaux représentants.

Le 16, félicitant le peuple de son abstention de la veille, elle dit : « La victoire du 10 mars 1850 assure la victoire au 14 mai 1852. »

Cependant le 16 mai elle publie l'entrefilet suivant :

« A NOS LECTEURS

» Trouvent-ils que, depuis un an, la popularité du président de la république se soit étendue? Trouvent-ils que le gouvernement se soit affermi?

Trouvent-ils que l'ordre ait gagné en proportion de ce qu'a perdu la liberté? Trouvent-ils que la légalité soit en progrès et l'arbitraire en déclin? Trouvent-ils, enfin, que la situation soit meilleure en mai 1850 qu'en mai 1849? Si l'impossibilité de nier l'évidence les contraint d'avouer que la situation, loin de s'améliorer, s'est empirée, nous le leur demandons, avions-nous donc tort de prévoir et de prédire, en 1849, ce qui s'est vérifié en 1850 ? ce qu'on a appelé opposition n'était que prévision. »

Il s'agit de réviser la Constitution. Mais, dit la *Presse*, on fait tout le contraire pour hâter cette révision. Elle voit et elle ne peut s'empêcher de dire qu'on organise l'agitation dans la capitale, afin que cette agitation ébranle plus fortement la République et la rende plus facile à renverser.

Mais la révision de la Constition ne suffit pas aux réactionnaires, ce qu'ils veulent surtout, c'est restreindre le suffrage universel, priver quelques millions de Français de leurs droits de citoyens, et cela pour punir les électeurs de Paris d'avoir envoyé à l'Assemblée MM. Carnot, Vidal et de Flotte. De nombreuses pétitions affluent à l'Assemblée contre le projet de loi. La *Presse* semble les voir avec plaisir. Mais la façon dont elle prépare le peuple à l'avènement de la loi nouvelle semble la rendre complice de cette iniquité. La *Presse* a parfois une singulière façon de prendre les intérêts du peuple, surtout dans ce moments pour lui d'anxiété très-critique où on resserre ses liens, ou on le trompe. Qu'on en juge par ce qu'elle dit le 17 mai :

« La Constitution est incontestablement violée dans son esprit, mais elle est hypocritement respectée dans sa lettre. Si le peuple se levait pour défendre la Constitution, ce serait lui qu'on accuserait de l'avoir attaquée, et il se trouverait des tribunaux exceptionnels pour le condamner.

» Que le peuple, cette fois encore, se garde de tomber dans le piége dangereux d'une provocation furieuse d'avoir échoué dans toutes ses tentatives : couronnes, arbres de liberté, réunions électorales, vente de journaux, brevets d'imprimeurs, arrestations arbitraires.

» Qu'importe que le nombre des électeurs soit momentanément réduit, si cette réduction a pour effet de grossir les rangs de l'opposition.

» La République démocratique existe, sinon en fait, du moins en droit.

» La presse ne peut, en aucun cas, être soumise à la censure.

» La connaissance de tous les délits politiques et

de tous les délits commis par la voie de la presse appartient exclusivement au jury.

» Les pouvoirs de l'Assemblée nationale élue le 13 mai 1849 expireront dans deux ans, le 13 mai 1852.

» C'en est assez pour que le peuple soit certain de rentrer dans la plénitude de son droit de suffrage.

» Un soulèvement, où il serait possible à la police occulte de jouer le principal rôle, pourrait tout compromettre, pourrait tout perdre : République, élection, jury, liberté de la presse, liberté de la tribune, libertés de la France, libertés de l'Europe.

» Un petit nombre, se mouvant avec une force organisée considérable, peut-il et doit-il assumer sur lui une responsabilité si grande?

» Soldés ou insensés seraient ceux qui, sans l'aveu de la France et devançant sa justice, risqueraient, contre une défaite probable et terrible, une victoire assurée et prochaine! s'écarter d'eux, les isoler, sera le moyen de reconnaître si c'étaient des téméraires ou des traîtres!

» Si la loi présentée est votée, que le Peuple conserve l'admirable calme dont il a donné l'exemple, l'imperturbable majesté dont il a fait preuve le 2 et le 4 mai. Ce sera une glorieuse page de plus qu'il ajoutera à ces trois mémorables pages de son histoire. »

Un fait grave et tout à fait inattendu s'est produit à l'Assemblée dans sa séance du 10 juillet. La nouvelle loi sur la presse est en discussion; et l'amendement présenté par M. de Tinguy, amendement auquel personne d'abord n'avait pris garde, vient d'être voté. Cet amendement était ainsi conçu :

« Tout article de discussion politique, philoso-
» phique et religieuse, inséré dans un journal,
» devra être signé par son auteur, sous peine d'une
» amende de 500 francs pour la première contra-
» vention, et de 1,000 francs en cas de récidive. »

» Il ne s'agit de rien moins, comme on le voit, que de changer toutes les conditions d'influence et d'action de la presse politique, dit la *Presse*. Les journaux ne représentent pas un homme : ils représentent une idée, une opinion, un parti; ils sont un être de raison. Le public ne voit pas la main qui tient la plume; il ne cherche pas dans un article la pensée d'un écrivain. Il y cherche la pensée collective, celle de tout le monde, celle qui est à l'état latent dans la conscience publique et dont le journal est la formule et la voix.

12.

» C'est là, il faut bien le dire, la force de la presse politique. C'est par cette force multiple qui constitue en face du faisceau du pouvoir le faisceau formidable de l'opinion, qu'elle a lutté, qu'elle a grandi, qu'elle s'est élevée à la puissance d'un véritable pouvoir dans l'État, qu'elle a renversé des gouvernements, couronné des dynasties, déchaîné des révolutions, émancipé des peuples.

» A ce point de vue, l'amendement de M. de Tinguy est donc une véritable brèche faite à cette puissance redoutable et souvent préservatrice qui gouverne les intelligences, et qui domine les gouvernements. Il ne laisse plus subsister que ces individualités en face du pouvoir. Il affaiblit l'arme en montrant la main qui la tient. Il dissout cette force qui s'appelle Légion, et il ne laisse qu'un homme quelquefois sans nom, sans autorité, sans influence et sans prestige.

» Est-ce à dire que nous redoutions l'amendement Tinguy pour la responsabilité qu'il nous imposerait devant la justice et devant l'opinion? A cet égard, nous ne craignons pas de dire que les rédacteurs de la *Presse* n'auraient rien à craindre de la publicité de leurs noms. Ils ont l'orgueil des idées qu'ils défendent, parce qu'ils en ont la dignité et la conviction; ils signeraient volontiers tout ce qu'ils écrivent; et si leur main est quelquefois anonyme, leur responsabilité morale est toujours découverte et sérieuse.

La *Presse* se console en pensant qu'il ne pourra pas en être de même pour les feuilles qui soutiennent le ministère; elle ose même affirmer que cet amendement voté, il deviendra très-difficile à certain Cabinet de trouver des défenseurs dont il puisse accepter la plume.

Elle croit que la première condition de force pour un gouvernement, c'est la confiance qu'il inspire au pays. La défiance est pour elle le signe de la déchéance. Elle constate ce fait qui ne peut être nié : que le pays se défie de son gouvernement, et qu'il ne croit pas à la sincérité de ses intentions. Alors elle se demande si ses défiances sont légitimes, et se répond en ces termes (29 juillet) :

« L'élection du 10 décembre avait fait naître de grandes craintes et de grandes espérances. Nous étions de ceux qui avaient accueilli les espérances et repoussé les craintes.....

» Il semble cependant que depuis tantôt deux ans on se soit appliqué à enlever leurs espérances à ceux qui, comme nous, les avaient attachées à l'élection du 10 décembre, et à justifier les craintes de ceux qui, comme tant d'autres, voyaient dans le nom adopté par le peuple une menace pour la liberté. La présidence de M. L. N. Bonaparte n'a été que l'étiquette de cette vieille politique qui avait conduit deux monarchies à deux révolutions, de cette politique sur laquelle il jetait tant de dédain, à travers les barreaux de sa prison de Ham, lorsqu'un furtif rayon de soleil apportait à l'âme recueillie et réfléchie du prisonnier ces vues d'avenir que le regard du chef de l'État ne peut plus apercevoir sous la lumière de ses palais, au milieu des éblouissements de sa puissance nouvelle. La France a vainement attendu une volonté, une pensée, une impulsion. Elle n'a vu qu'une ombre; elle n'a assisté qu'à une parodie; elle n'a constaté qu'un rêve ! »

De temps à autre, la *Presse* qui croyait que « le neveu de l'empereur, n'ayant pas la prétention de se faire conquérant de trônes, se ferait conquérant d'idées, de progrès et de civilisation, » a des mouvements de dépit qu'elle ne peut réprimer, mais qui ne l'empêchent pas de suivre la ligne de conduite qu'elle s'est tracée. On ne peut du reste méconnaître les sentiments politiques de la *Presse*, sentiments qui se saisissent au passage dans la façon dont elle présente ses griefs aux lecteurs.

Le 28 août, l'Assemblée est mise en émoi par des

bruits qui lui viennent du dehors. Un dîner militaire a été offert par le président de la République à des officiers et des sous-officiers. Après d'abondantes libations, l'enthousiasme des convives s'est tout à coup manifesté par les cris : *Finissons-en! Allons aux Tuileries*. Dans son article de ce même jour, la *Presse* s'exprime ainsi au sujet du banquet militaire de l'Élysée :

« Heureusement, la France n'en est pas arrivée à ce point d'abaissement et de décadence qu'il soit possible de lui imposer la servitude en sortant de dîner, comme le faisaient ces tyrans ivres du Bas-Empire qui marchaient au pouvoir suprême entre des courtisanes et des esclaves. La France s'est laissé conquérir quelquefois et tromper souvent : elle ne s'est jamais laissé dégrader. »

Après avoir dit que les convives de l'Élysée s'en sont retournés le lendemain dans leurs casernes, et que tout a été dit; que s'ils en sortent, au bruit du rappel, ce ne sera certainement pas pour aller aux Tuileries, elle ajoute : « C'est le peuple qui tient désormais les clefs de cette demeure royale et qui en ouvre et en ferme les portes à son gré ! »

La *Presse* est toujours heureuse quand les événements lui donnent raison. Le 14 octobre, elle dit que toutes ses prévisions ont été réalisées, que rien ne saurait empêcher ni retarder la rupture de la majorité et du président. Elle ajoute ensuite ces paroles à demi prophétiques :

« Le *blâme sévère* qui frappe le gouvernement n'est que le prélude d'une lutte plus sérieuse qui peut être considéré désormais comme inévitable, et pour laquelle tous les partis préparent déjà leurs armes. »

Le 2 janvier, le bruit s'est répandu que la réception du bureau de l'Assemblée nationale à l'Élysée avait donné lieu à un grave incident paraissant de nature à irriter le conflit engagé entre les deux grands pouvoirs de l'État. Le *Constitutionnel* a donné un récit de cette réception. La *Presse*, en reproduisant ce récit, en conclut que, « M. le président de la République voulait sans doute que sa vengeance fût complète, et que c'est pour cela qu'il a choisi M. le docteur Véron comme son témoin, afin que celui-ci rédigeât, pour les contemporains et pour la postérité, ce nouveau bulletin de la Grande Armée... L'Assemblée nationale, dit-elle plus loin, se rend à l'Élysée pour porter des compliments. Elle y reçoit quoi?... Un remerciment, sans doute. Non, elle reçoit une leçon. »

Elle constate que le président de la République se sépare bien en effet de la majorité et qu'il faudrait être aveugle pour ne pas voir qu'entre elle et lui, le dissentiment devient de plus en plus irréconciliable et profond. En recherchant les causes, elle arrive à cette conclusion :

« Le dissentiment tient au principe même de la souveraineté. Le pouvoir exécutif tend évidemment à une concentration de plus en plus grande de force et d'influence. Il veut tout absorber afin de tout dominer. Nous avons montré l'autre jour dans sa prétention de se réserver l'investiture du suffrage universel en face d'une assemblée qui recevait celle du suffrage restreint, une espèce de 18 brumaire plus dangereuse que toutes les autres, et que nous avons *appelée le* 18 *brumaire* électoral. Il n'y aurait pas à nos yeux d'usurpation plus formidable que celle-ci ; il n'y en aurait pas qui nous donnerait plus sûrement la réalité de la servitude dans le mirage de la liberté. »

Le 9, elle applaudit à la destitution du général Changarnier et à la décision énergique du président qui a dit :

« Je veux rester dans la plus parfaite harmonie avec le pouvoir législatif. Je ferai pour cette bonne entente des deux pouvoirs tous les sacrifices nécessaires. Composition du ministère dans le sens et suivant les vues de la majorité ; abandon de la dotation, s'il le faut; tout, excepté le sacrifice du droit qui m'a été donné de révoquer un *subalterne*. »

« C'est un grand acte de dignité et de gouvernement, dit la *Presse*... M. Changarnier n'avait plus, en effet, le rôle d'un *subalterne*, il aspirait évidemment à celui d'un *supérieur*...

» C'est donc sans réserve et sans hésitation que nous applaudissons à cet acte de dignité et d'énergie. En cela nous sommes fidèles à la politique que nous avons toujours suivie et aux principes que nous avons pris l'engagement de soutenir : c'est la République que nous défendons, dans les pouvoirs qu'elle a institués, dans les droits qu'elle a consacrés. »

La destitution du général Changarnier entraine une partie du ministère. La *Presse* n'a qu'un mot pour exprimer sa pensée sur cette modification du Cabinet. « Quelques noms insignifiants remplacent seulement d'autres noms qui ne le sont pas moins. »

Le 25 le ministère est composé. La *Presse* dit : « Il est pris en dehors des influences politiques de toute espèce. C'est un assemblage de noms qui ne répond à aucune tendance, à aucune opinion. Les vieilles traditions constitutionnelles se trouvent ainsi radicalement renversées. A la place de la responsabilité ministérielle qui s'évanouit, apparait la véritable responsabilité, créée par la constitution de 1848, celle de M. le président de la République. »

Voici ce que dit la *Presse* du 11 février à propos du rejet de la dotation à une majorité de plus de cent voix :

« Cet échec n'est cependant pas la mésaventure la plus désagréable de M. le président de la République, dans cette journée. Nous le plaignons peu, pour notre compte, de la situation que lui fait ce vote, en le forçant à réduire sa maison, à vivre avec plus de simplicité, et à se rapprocher davantage des pratiques et des habitudes du gouvernement républicain. »

Elle le plaint d'avoir été défendu par M. de Montalembert; elle le plaint surtout d'avoir subi l'affront de cette protection hautaine et dédaigneuse d'un homme qui n'a su le défendre qu'en l'abaissant, et le venger qu'en l'humiliant.

Elle conseille au président de la République le rappel de la loi du 31 mai. « Si le président ne reprend pas immédiatement cette carte de salut pour la jeter hardiment sur le tapis, en face de la majorité hostile, il n'aura plus le droit de s'en servir. Elle sera perdue pour lui...

» Il faut donc se décider. La question de gouvernement est posée par le rejet de la dotation. Entre la majorité irréconciliable et la France irréconciliée, il n'y a pas place pour un pouvoir sérieux. Que M. Louis-Napoléon Bonaparte choisisse entre la mort ou la vie! D'un côté la monarchie le condamne; de l'autre, la République l'absout. Qu'il corrige lui-même sa conduite et sa politique! Alors nous ne corrigerons pas notre faute d'impression, et nous serons heureux de redire, avec intention, ces mots qui n'étonneront plus personne : Il est réconcilié avec la France[1]. »

« Le 14 mars, la décision du gouvernement qui suspend le cours de M. Michelet inspire à M. de la Guéronnière dans un article : *La liberté pour tous*, ces paroles prophétiques :

« En frappant M. Michelet, ce n'est pas seulement la liberté pour l'attaque qu'on sacrifie, c'est aussi la liberté pour la défense.

» Imprudents, qui jouent avec le hasard des tyrannies, et qui ne voient pas qu'en désarmant les autres ils se désarment eux-mêmes, et qu'au lieu de la *Liberté pour tous*, qu'ils renient, c'est *l'oppression de tous* qu'ils préparent! »

Le 25 mars, l'Assemblée a voté en adoptant l'ordre du jour pur et simple, sur les interpellations

---

[1]. La veille on avait imprimé par erreur : Il est *réconcilié* avec la France ; M. de la Guéronnière avait écrit *irréconcilié*.

de M. Raudot, relatives à une expédition projetée en Kabylie.

« La guerre permanente en Algérie, disons plus en Afrique, voilà ce que le gouvernement demandait à l'Assemblée, dit la *Presse*.

» Cette expédition est, en effet, bien moins la conséquence des besoins de notre colonisation que des caprices de notre conquête, que du système, si malheureusement poursuivi pendant tant d'années, qui, soulevant devant notre armée de fanatiques populations, fit jadis, d'un simple marabout, un émir et un sultan. »

Le 20 septembre, la *Presse* est saisie pour avoir cité, en l'accompagnant de quelques lignes, la lettre de M. Victor Hugo, représentant du peuple, à M. Auguste Vacquerie, rédacteur en chef de l'*Avènement du peuple*. « Nous constatons le fait sans nous en étonner, dit-elle, et nous le portons sans nous en plaindre au compte de la liberté limitée en vertu de laquelle fut *saisi, confisqué*, et MIS AU PILORI l'immortel ouvrage du maréchal de France Vauban, intitulé la DIME ROYALE. »

La *Presse* invite constamment le peuple au calme et le félicite de sa résistance aux excitations des partis. Elle poursuit sans cesse les partis contraires à la République, décrie leur passé et dévoile leurs plans pour l'avenir. Cette tactique dans les trois années que nous venons de parcourir est très-intéressante à suivre dans une foule d'articles sous des titres tels que ceux-ci, qui disent tout : *L'ordre en blouse et l'anarchie en habit noir, Le suffrage de qualité, l'Intimidation,* etc., etc.

Voici deux de ces articles si bien frappés que nous donnons à nos lecteurs à titre d'échantillon.

UN COUP D'ÉCLAT ET LE COUP D'ÉTAT.

« Dans leur frayeur du *coup d'éclat* qui serait frappé demain par le président de la République, les inventeurs et fabricateurs de la loi du 31 mai ont fait courir aujourd'hui les bruits les plus insensés de *coup d'État.*

» Pourquoi le président tenterait-il un coup d'État périlleux, lorsqu'il peut faire un coup d'éclat populaire. »

LES DEUX RÉQUISITOIRES.

« Sous ce titre : *La présidence de M. Louis-Bonaparte devant le pays, l'Opinion publique* fulmine ce matin contre le président de la République un impitoyable réquisitoire en cinq colonnes, qui aboutit, logiquement, à la condamnation pour cause de haute trahison que réclamait déjà hier l'*Assemblée nationale*.

» Le réquisitoire de la *Presse* n'aura pas cinq colonnes, il n'aura que cinq lignes : la *Presse* accuse le président de la République d'avoir été l'instrument de la Réaction, qui a égaré l'Empereur, perdu Charles X, aveuglé Louis-Philippe, abusé le général Cavaignac, préparé la chute de 1815, la révolution de 1830 et la révolution de 1848. »

La *Presse* parait le 2 décembre. Le 12, son numéro est daté du mercredi 3 au vendredi 12. Ce numéro contient les actes officiels publiés par le *Moniteur*. M. Émile de Girardin reste étranger à la rédaction du journal dont M. J. Perrodeaud devient le rédacteur en chef.

A l'approche du vote sur le plébiscite, la *Presse* invite tout le monde à se rendre au scrutin.

Le 20, elle fait cette déclaration :

« Nous dirons OUI, parce que nous croyons à la nécessité d'une sage liberté, autant qu'à la nécessité d'un pouvoir solide; et que, comme l'a écrit Montesquieu, plus le pouvoir sent ses racines plonger dans l'assentiment d'un peuple, moins il est disposé à contester aux citoyens leurs franchises et leurs garanties. — Le despotisme n'est que la ressource des gouvernements sans appui. »

Le 28, M. J. Perrodeaud donne sa démission de rédacteur en chef de la *Presse*.

Les noms des rédacteurs politiques depuis la loi sur la signature sont, après M. Émile de Girardin, MM. Nefftzer, Arthur de la Guéronnière, de Toulgoet, Paulin Limayrac, Anselme Petetin, Anatole Leray, Victor Morpurgo, Hubaine. Les théâtres et les Beaux-Arts sont toujours sous la direction de M. Théophile Gautier; M. Eugène Pelletan tient dignement le sceptre de la critique littéraire. Parmi les publications littéraires de la *Presse*, nous remarquons les *Confidences* et les *nouvelles Confidences*, de M. de Lamartine; *Profession de foi du dix-neuvième siècle*, par M. Eugène Pelletan; *Diane de Lys*, de M. Dumas fils; *Ange Pitou*, de M. Dumas père; *C'est la faute du mari*, proverbe en un acte de madame Émile de Girardin; *Fernand Duplessis*, ou *Mémoires d'un mari*. d'Eugène Sue; *Mademoiselle de la Seiglière*, comédie en 4 actes, en prose, de M. Jules Sandeau; enfin M. Alexandre Dumas, à la fin de l'année 1851, commence dans le feuilleton de la *Presse* la première série de ses volumineux *Mémoires*.

IX

1852 — 1853 — 1854

Situation de la *Presse* après le coup d'État du 2 décembre. — La *Presse* rompt le silence. — Les élections. — M. Carnot. — Éloge d'Armand Marrast. — Rentrée à la *Presse* de M. Émile de Girardin. — Sa déclaration. — Innovation dans la Rédaction de la *Presse*. — Nouveaux articles de M. de Girardin. — Franchise et liberté de la *Presse*. — *Note de la Bourse*. — Coup de trompette. — Mariage de l'Empereur. — Premier avertissement. — Justification. — Question d'Orient. — Politique de la *Presse*. — Le Dimanche.

Du coup d'État du 2 décembre 1851 à la promulgation du décret organique du 17 février 1852, ne l'oublions pas, la presse, en France, est placée sous un régime exceptionnel, en dehors, pour ainsi dire, de toute législation. Le pouvoir exécutif, sous sa seule responsabilité, applique telles mesures de rigueur qu'il juge nécessaire. A Paris les scellés sont mis provisoirement sur les bureaux de la plupart des feuilles politiques. A la fin du chapitre qui précède, le lecteur a vu que cette mesure a été appliquée à la *Presse*.

Au commencement de 1852, nous trouvons cette feuille, où l'intérêt quel qu'il soit a toujours rempli toutes ses colonnes, triste, humiliée comme l'esclave antique qui suivait le char du triomphateur romain. Elle est muette, c'est-à-dire qu'elle se borne à reproduire d'après le *Moniteur* les documents officiels. Cependant elle ne veut pas être abandonnée de ses lecteurs. Afin d'exciter la curiosité, en attendant de pouvoir faire mieux, elle publie des *Éphémérides politiques* signées H. Acquier. Tous ses articles où l'embarras de l'écrivain se trahit à chaque ligne, sont suivis de ces mots : Le secrétaire de la rédaction : Ém. Hubaine.

Le 5 janvier, elle rompt le silence timidement, il est vrai, mais elle se fait entendre.

« Aujourd'hui, dit-elle, s'ouvre pour la polémique quotidienne une place nouvelle. Il faut qu'elle en profite pour se relever de sa subordination trop longue et reprendre son rôle naturel. Elle ne doit pas être un thermomètre placé à la porte d'une assemblée pour indiquer au passant la température du lieu : elle doit être une lumière qui marche.

» Que la presse essaie donc, dès aujourd'hui, de devenir cette lumière qui va en avant ! Au lieu de s'occuper des éternelles querelles des coteries, de l'orgueil insatiable de quelques hommes, de passions étroites, de misérables haines, et de tous ces infiniment petits dont elle a vécu si longtemps : —

au lieu de se perdre dans les redites sans fin des luttes parlementaires, qu'elle prenne l'initiative dans toutes les grandes questions d'intérêt public; qu'elle féconde l'économie politique ; qu'elle fouille l'ordre moral, et que ce soit elle, en un mot, qui, dans toutes les hautes questions, ait maintenant son ordre du jour.

» De cette façon, au journalisme qui vient des passions qui vient de finir, succédera le journalisme de l'étude. La plume du journaliste ne sera plus une épée dans des luttes individuelles, ce sera un outil de pionnier dans le champ de l'avenir. »

Le 11, la *Presse* reproduit deux décrets : l'un qui prononce l'expulsion de soixant-six anciens représentants de l'Assemblée législative du territoire français et du territoire de l'Algérie et des colonies ; l'autre prononçant l'éloignement momentané du territoire français et de celui de l'Algérie de dix-huit autres anciens représentants de la même Assemblée, parmi lesquels est compris M. Émile de Girardin.

Elle publie successivement et sans commentaires, le 16 : la proclamation du président et la nouvelle CONSTITUTION faite en vertu des pouvoirs délégués par le peuple français à Louis-Napoléon Bonaparte ;

Le 24 : le décret du 22 dont le premier article est ainsi conçu : « Les biens, meubles et immeubles qui sont l'objet de la dotation faite le 7 août 1830 par le roi Louis-Philippe, sont restitués au domaine de l'État. »

Le 27, elle inaugure un compte rendu politique qu'elle intitule *Bulletin du jour*. Ce Bulletin non signé d'abord, porte un peu plus tard la signature : Ém. Hubaine.

Le 25 février, nous trouvons l'article suivant où la *Presse*, pour la première fois, franchit le cercle timide d'où elle semblait craindre de sortir. Cet article est signé : Ém. Hubaine; nous le donnons tout entier à nos lecteurs.

LE 24 FÉVRIER.

« Le 24 février 1848, à l'heure même où nous écrivons, une ère nouvelle commençait pour la France et pour le monde. La royauté tombait, et la république s'installait à l'Hôtel de Ville, triomphante et acclamée.

» Ce sont des faits. Nous savons qu'aux termes d'un décret récent, le 24 février a cessé d'être une fête nationale. Mais on ne destitue pas l'histoire.

« Dénué des pompes officielles, le 24 février reste une date historique.

» Nous en attestons la lettre suivante, adressée aux membres du gouvernement provisoire :

» Messieurs,

» Le peuple de Paris ayant détruit par son héroïsme les derniers vestiges de l'invasion étrangère, j'arrive de l'exil pour me ranger sous le drapeau de la République qu'on vient de proclamer.

» Sans autre ambition que celle de servir mon pays, je viens annoncer mon arrivée aux membres du gouvernement provisoire, et les assurer de mon dévouement à la cause qu'ils représentent, comme de ma sympathie pour leurs personnes.

» Recevez, messieurs, l'assurance de ces sentiments.

» Louis-Napoléon Bonaparte. »

» Mais le 24 février n'a pas seulement, comme dit M. le président de la République, effacé les dernières traces de l'invasion étrangère, il a introduit dans la politique un principe nouveau, le suffrage universel; il a substitué le droit au privilége, et consacré la participation de tous à la gestion des affaires publiques.

» C'est là, de l'avis de tout le monde, une conquête définitive, et qu'il ne sera plus donné à personne de contester. Le suffrage universel existe, il existera toujours. Il est et sera tout puissant.

» Mais une tâche reste à remplir : c'est de le rendre éclairé autant qu'il est fort, c'est de faire pénétrer dans les classes inférieures les lumières dont elles sont restées sevrées par l'égoïsme des classes supérieures; c'est, en un mot, d'armer de la science universelle le suffrage de tous.

» Alors on pourra dire avec certitude qu'il n'y aura plus de révolutions, et le progrès, au lieu de cheminer laborieusement à travers les luttes et les combats, s'épanouira sans efforts, fleur immortelle du paradis humain. »

On procède aux élections du Corps législatif. Le 29 février la *Presse* avertit les électeurs qui n'ont pas encore retiré leurs cartes qu'ils peuvent les retirer le lendemain lundi 1er mars, et les engage vivement à ne pas s'abstenir.

« Ainsi que nous le disions hier, ajoute-t-elle, il importe à tout le monde de savoir en quel sens l'opinion a marché depuis trois mois.

» Les élections qui ont lieu en ce moment peuvent nous édifier sur ce point.

» Donc, au nom de toutes les idées et de tous les

intérêts, nous insistons pour que les électeurs se rendent au scrutin. »

Mais elle publie le résultat des élections sans ajouter un seul mot.

Le 6 mars, elle donne à ses lecteurs un article hardi intitulé *La liberté de penser*, signé : Eugène Pelletan. Ce titre significatif et le nom de l'auteur dont nos lecteurs connaissent l'esprit nous dispensent de faire de cet article qu'il faudrait citer tout entier une simple analyse.

Aucun candidat n'ayant réuni la majorité dans la 4e circonscription de la Seine, il y a lieu de procéder à un nouveau scrutin. M. Carnot est sur les rangs; toute la presse officielle combat sa candidature. A ce sujet, la *Presse* dit le 14 :

« A voir l'acharnement que mettent les feuilles du gouvernement à combattre la candidature de M. Carnot, on dirait vraiment que l'élection de dimanche doit exercer une influence considérable sur la situation des partis dans le Corps législatif. On sait qu'il n'en est rien. Si M. Carnot est nommé, le Corps législatif comptera cinq députés hostiles et deux cent cinquante-six députés favorables au gouvernement.

» Que signifie donc cet acharnement? Il signifie que moins de choses sont changées qu'on ne pense, et que l'influence de l'opinion n'est pas amoindrie sous le régime actuel. »

Le 16, on lit un éloge d'Armand Marrast qui vient de mourir. Cette page éloquente est signée Lamartine.

Le 17, elle se félicite chaudement de l'élection de M. Carnot.

Le 30, à l'occasion de l'installation des grands corps de l'État, et du discours présidentiel, la *Presse* constate avec plaisir que le président a déclaré qu'il aurait pu prendre l'empire lors de l'élection du 10 décembre, qu'il aurait pu le prendre encore le 13 juin, et plus récemment après le 2 décembre. Il ne l'a pas voulu parce que ses pensées, uniquement consacrées à la prospérité de la France, étaient dégagées de toute préoccupation personnelle.

« A ce moment, ajoute-t-elle, des applaudissements unanimes ont imposé à l'orateur une pause involontaire. »

Dieu soit loué! La *Presse*, si triste jusqu'ici, va reprendre une certaine animation. Le 31, un article de M. Émile de Girardin, intitulé : *Conservons la République*, éclata comme une bombe dans ce journal. Nous lisons dans cet article :

« Je sais à quel péril s'expose un journal s'il fait

de l'opposition, à quelles indignations il s'expose s'il n'en fait pas.

» Dans le premier cas suppression.

» Dans le second calomnie.

» Le péril et la difficulté de cette situation sont précisément ce qui me stimule et m'excite à reprendre la parole dans ce journal où je n'ai pas écrit depuis le 29 novembre. »

M. de Girardin déclare ensuite que ce n'est pas de la liberté qu'il vient parler, mais de la République et de son avenir, de la République dont le discours du président a dit : « Elle ne menace personne, elle peut rassurer tout le monde. »

Dans un autre article, portant le même titre, nous trouvons cette phrase : « La République conservée, c'est la stabilité fondée ; la stabilité fondée, c'est la liberté rendue. »

A partir de ce moment, la *Presse* publie à côté de son bulletin une revue des journaux d'abord signée : Hubaine, signature bientôt remplacée par celle de M. Émile de Girardin.

Voici la date du 5 avril une réplique assez aigre à la *Gazette de France*, réplique qui certes ne manque pas d'à-propos :

« La *Gazette de France* continue de publier sa série

d'articles intitulée : *La Révolution, c'est l'Orléanisme.*

» La *Gazette de France* n'en est encore qu'à son 22ᵉ article.

» Ce n'est pas encore autant qu'elle a eu de procès sous le dernier règne : 29 saisies, 29 procès, et presque autant de condamnations, c'était là ce que MM. Thiers et Guizot appelaient, à cette époque, la liberté de la presse. »

Le 28 avril, le Bulletin du jour porte la signature de M. A. Nefftzer.

Le 5 juillet, la *Presse* annonce qu'elle consacre le numéro tout entier, augmenté de deux pages, à l'histoire universelle de la commune, en disant :

« La commune est le nœud de toutes les questions politiques et sociales. Dénouer ce nœud; c'est faire tomber toutes les chaines qui asservissent encore Individus et Peuples; c'est ouvrir l'ère de toutes les réformes et fermer l'ère de toutes les révolutions.

» Les royalistes demandent l'affranchissement de la commune; que les républicains la demandent non moins instamment. Assez de sujets de dissentiment subsisteront toujours entre les partis rivaux pour qu'on doive chercher à faire l'accord sur les points où la liberté des peuples n'a qu'à y gagner. »

Une machine infernale vient d'être saisie à Marseille et M. Émile de Girardin de s'écrier le 22 septembre :

« Cette fois, on ne pourra pas, comme en 1835, imputer l'attentat projeté au bouillonnement des mauvaises passions mises en fermentation par la liberté de la presse! La presse est muette, et lorsqu'elle parle, ce n'est guère que pour faciliter au gouvernement l'accomplissement de ses desseins en y préparant l'opinion publique. Non, cette fois, on ne pourra pas, comme en 1835, inventer contre la liberté de la presse de nouvelles rigueurs; la mesure est au comble et l'on n'y saurait plus rien ajouter. Avions-nous donc raison et serait-il donc vrai qu'il n'y a jamais eu et qu'il n'y aura jamais rien de commun entre l'exercice légitime du droit de discussion et cette exécrable usurpation d'hommes s'arrogeant, sans mandat, le droit de vie et de mort et s'érigeant en juges et en bourreaux d'une inquisition ténébreuse? En effet, rien de plus opposé à l'idée qui discute, que la pensée qui conspire...

» La liberté des peuples par les progrès de la science est la seule qui avance toujours sans reculer jamais ; toute autre liberté, nous l'avons vu, ne dure que ce que dure l'éclair qui précède la foudre.

» Nous le disons hautement : Un attentat est à la fois un crime et une faute. »

17 octobre, rentrée à Paris du président de son voyage dans le midi de la France.

26 novembre, réunion du Corps législatif pour la communication d'un message du président.

2 décembre, proclamation de l'Empire.

La *Presse* enregistre purement et simplement, et publie d'après le *Moniteur* les nombreux documents officiels auxquels donne lieu ce dernier événement.

Cependant M. de Girardin qui avait dit en rentrant à la *Presse* que ce n'était pas de liberté qu'il venait parler, en parle en ces termes le 12 janvier :

« Qu'est-ce que la liberté? — C'est le pouvoir de faire. Qu'est-ce que le pouvoir? — C'est la liberté de faire. Donc liberté et pouvoir sont deux termes différents qui ont absolument la même signification. »

Les événements s'accumulent à cette époque. Le 21, la *Presse* s'exprime ainsi :

« La *Note* annoncée hier à la Bourse a paru ce matin dans le *Moniteur*. Elle concerne le mariage du chef de l'État et est ainsi conçue :

» Le bureau du Sénat, le bureau du Corps législatif et MM. les membres du conseil d'État se réuniront samedi à midi aux Tuileries, afin d'y recevoir de l'Empereur une communication relative à son mariage. — MM. les membres du Sénat et du Corps législatif présents à Paris peuvent se joindre à leurs collègues. »

» Ainsi se trouve officiellement confirmée, continue la *Presse*, la nouvelle qui, depuis deux jours, produit une si vive sensation dans le public. »

Le 29, M. Émile de Girardin donne ce coup de trompette significatif :

« L'ENNEMI DE L'EMPIRE

» Tout gouvernement tombe du côté où il penche.

» L'expérience a confirmé cet arrêt à la tribune.

» Un gouvernement qui s'établit au nom de la liberté doit chercher dans le prompt rétablissement de l'ordre le contre-poids nécessaire à la conservation de son centre de gravité.

» Un gouvernement qui s'établit au nom de l'ordre doit chercher dans le prompt rétablissement de la liberté le contre-poids nécessaire à la conservation de son centre de gravité.

» De quel côté est tombé le premier essai du gouvernement républicain tenté en France? — Du côté où il penchait, du côté de la terreur.

» De quel côté est tombé le premier essai du gouvernement impérial? — Du côté où il penchait, du côté de la guerre.

» De quel côté est tombé le premier essai de restauration royaliste? — Du côté où il penchait, du côté de l'ornière creusée par la loi d'ainesse, la loi du sacrilége et la loi d'amour.

» De quel côté est tombé le premier essai de gouvernement constitutionnel? Du côté où il penchait, du côté de la politique personnelle.

» De quel côté est tombé le second essai du gouvernement républicain? — Du côté où il penchait, du côté des baïonnettes.

» De quel côté court le risque de tomber le second essai de gouvernement impérial? — Du côté où il penche, du côté de l'arbitraire qui est à la centralisation ce que le vertige est à l'abîme.

» Donc si l'Empire veut durer, ce n'est pas de la liberté qu'il doit se garder, mais de l'arbitraire.

» L'arbitraire est son ennemi naturel et mortel.

» ÉMILE DE GIRARDIN. »

Le 31, comme si elle y était contrainte, la *Presse* parle ainsi :

« Nous sommes obligés de consacrer la meilleure partie de nos colonnes aux solennités d'hier et d'aujourd'hui. »

On sera peut-être curieux de connaitre cette longue description. En voici le début :

MARIAGE DE L'EMPEREUR

« L'année 1852 nous avait habitués aux fêtes et aux cérémonies fastueuses : le *Te Deum* chanté à Notre-Dame au mois de janvier, la fête donnée au Champs-de-Mars le 10 mai, la Saint-Napoléon le 15 août, la rentrée du président de la République de son voyage à Strasbourg, la seconde rentrée, le 16 octobre, après son voyage dans le Midi, enfin, sa troisième rentrée, le 2 décembre, lors de la proclamation de l'Empire, sont autant de journées où les appétits curieux de ceux qui aiment les pompes militaires, la magnificence des cortéges officiels, les décors en plein vent et les illuminations ont pu largement se satisfaire ; cependant la fête d'aujourd'hui n'avait pas attiré moins de monde que les précédentes, et par sa nature elle sollicitait plus vivement la curiosité. »

Les grands corps de l'État viennent de se réunir pour la première fois. Voici ce que dit à ce sujet la *Presse* :

« L'ouverture de la session législative a eu lieu aujourd'hui 14 février, à midi, aux Tuileries. Cette solennité paraît s'être accomplie à huis-clos, du moins ne sachions-nous pas que les journalistes aient été convoqués. Nous nous trouvons, par conséquent, dans l'impossibilité d'en rendre compte, et nous devons nous borner à publier le discours du chef de l'État, que nous avons copié d'un exemplaire manuscrit affiché à la Bourse. »

Tout semble aller au mieux pour ce fortuné journal et réellement on ne comprend pas les rigueurs dont il est l'objet. Et cependant le 3 mars, on lit en tête de ses colonnes :

« Le ministre de la police générale,

» Vu le décret organique sur la presse du 17 février 1852 ;

» Vu les articles publiés par le journal la *Presse*, les 26 et 27 février et 1er mars dernier sous ce titre : *Pourquoi la République a cessé d'exister*, articles signés de Girardin ;

» Attendu que dans ces articles le journal la *Presse* fait un appel indirect à une forme de gouvernement autre que celle qui a été fondée nationale,

» Arrête :

» Art. 1ᵉʳ. Un premier avertissement est donné au journal la *Presse* dans la personne de MM. E. de Girardin et Rouy rédacteur et gérant de cette feuille.

» Art. 2. M. le préfet de police est chargé de l'exécution du présent arrêté.

» Paris, le 1ᵉʳ mars 1853.

» Le ministre secrétaire d'État au département de la police générale.

» Signé : de Maupas. »

Le même jour on lit dans la *Presse* un article de M. Émile de Girardin intitulé : *Pourquoi la royauté constitutionnelle a cessé d'exister*. Et le lendemain 4, voici comment s'exprime M. de Girardin au sujet de l'avertissement donné à la *Presse* :

« LES DEUX ÉCOLES.

» Il existe en matière de liberté deux écoles rivales :

» Premièrement, l'école de ceux qui veulent la liberté pour eux, mais qui ne la veulent pas pour les autres. Deux poids et deux mesures, c'est l'école de la liberté *légalement* limitée, de la liberté relative, de la liberté inéga'e. Parmi ses chefs figure au premier rang M. Guizot, faisant condamner, pour un petit livre, M. Lamennais à un an de prison, et, pour une mince brochure, M. Laity à vingt années de détention.

» Deuxièmement, l'école de ceux qui veulent la liberté pour les autres autant que pour eux. Mêmes poids et mêmes mesures, c'est l'école de la liberté *naturellement* limitée, de la liberté absolue, de la liberté réciproque. Parmi les soldats, malheureusement en petit nombre, elle n'en compte pas de plus fermement dévoués que les écrivains bloqués dans ce journal, M. Lamennais et M. Laity en ont reçu les preuves.

» Pour la première de ces deux écoles, la liberté n'est qu'un *fait*, pour la seconde elle est un *droit*.

» Si la liberté n'est pas un *droit*, si elle n'est qu'un *fait*, de quoi donc se plaint l'*Assemblée nationale* [1] ?

» *L'Assemblée nationale* se plaint qu'on lui ait « fermé la bouche. » *L'Assemblée nationale* oublie qu'on lui a permis de l'ouvrir ! N'est-ce donc rien ? L'ingrate ! Elle ne voit que le peu de liberté qu'on lui ôte; elle ne voit pas toute la liberté qu'on lui laisse.

1. *L'Assemblée Nationale*, feuille légitimiste, recevait un avertissement le même jour que la *Presse*.

N'est-ce donc pas assez ? L'inconséquente ! Ah ! la *Presse* n'aura à se reprocher ni cet excès d'inconséquence ni cet excès d'ingratitude. Elle sait que le pouvoir qui l'avertit aurait pu, tout aussi justement, la supprimer. Il ne l'a pas fait. Elle le déclare donc hautement et publiquement modéré.

» Il est vrai que nous avions pris les précautions les plus minutieuses pour ouvrir un passage à notre pensée : M. le ministre de la police générale nous en a tenu compte. Ce serait mal à nous de ne pas le reconnaître.

» Aussi ne ferons-nous pas ce que fait l'*Assemblée nationale*.

» Nous ne bouderons pas.

» L'*Assemblée nationale* déclare avec humeur renoncer à sa discussion; nous avons continué hier la nôtre et nous la continuerons. Renoncer à défendre ses idées est une étrange façon de défendre son drapeau ! A l'armée, se retirer ainsi a un nom; cela s'appelle déserter, et pour ce cas il existe un châtiment ; ce châtiment consiste à être fusillé.

» Question d'école : l'*Assemblée nationale*, pliant le drapeau blanc de la légitimité, aime mieux déserter que combattre ; la *Presse*, dépliant le linceul de la liberté, aime mieux combattre que déserter.

» Que peut il arriver à la *Presse* en mettant les choses au pis ?

» Il peut lui arriver :

» D'être avertie une seconde fois ;

» D'être suspendue pendant deux mois ;

» D'être suspendue pendant trois mois ;

» D'être supprimée, et de perdre ainsi deux millions.

» Soit.

» Elle y est préparée : ce n'est pas d'hier que son bilan est dressé et que son parti est pris. Chaque matin, elle s'attend à disparaître le soir; tout ce que peut faire la *Presse*, c'est de tâcher que ce soit le plus tard possible. »

Depuis quelque temps déjà la Question d'Orient est à l'ordre du jour. Nous n'avons pas à rappeler ici les origines si connues de cette guerre, les prétentions et l'ambition de la Russie, l'opposition à cette ambition, des autres grandes puissances de l'Europe, principalement des puissances occidentales, la France et l'Angleterre. La *Presse* montre peu de chaleur. Une suite d'articles à titres hyperboliques tels que : *Impossibilité de la guerre*, *L'Hypocrisie de la paix*, *Les Russes passeront-ils le Pruth*, *La liberté de la guerre*, sont autant de nuages dans lesquels il est difficile de distinguer les idées de la

Presse sur cette grosse question. Cependant, le 1ᵉʳ juillet, elle semble prendre son parti, à la veille d'événements si complexes dont le résultat, à vrai dire, n'est guère visible à l'horizon :

« L'amiral Hamelin, dit-elle, est appelé au commandement en chef de l'escadre de la Méditérranée, en remplacement de l'amiral de La Susse, qui entre dans le cadre de réserve. Cette nomination est significative ; cette nomination est la preuve matérielle que le gouvernement français a prévu et mesuré toutes les éventualités qui peuvent naître de l'envahissement des Principautés par l'armée russe, et qu'il est fermement décidé à ne pas donner en 1853 le triste spectacle d'une seconde représentation du rappel de la flotte, tel qu'il eut lieu en 1840; cette nomination est la conséquence des ordre donnés le 20 mars de se rendre de Toulon à Salamine, et le 4 juin d'avancer de Salamine à Besika.

» Aucun doute ne peut donc subsister sur la ferme décision du gouvernement français. Quant aux résolution finales de la Russie, il est impossible que nous les ignorions encore longtemps. »

Cependant, le 5, dans un article intitulé : *Le dénouement*, signé de M. Émile de Girardin, nous lisons :

« Ce qui nous paraissait invraisemblable, incroyable, impossible, à moins d'admettre que l'empereur de Russie ait été frappé d'aliénation mentale, est maintenant un fait accompli, puisqu'une dépêche officielle de Pétersbourg, en date du 27 juin, annonce que l'ordre d'occuper les Principautés a été donné par le gouvernement russe.

» La question qui croupissait depuis quatre mois dans l'incertitude va donc enfin en sortir! Elle va donc se poser nettement! ce que M. de Nesselrode a appelé « le nœud gordien » va donc se rompre ou se dénouer.

» C'est ce qu'on devait souhaiter, car la perplexité est un mal plus grand que le mal lui-même. »

Et après le manifeste de l'empereur de Russie qui déclare : « Nous sommes prêts, même dès à présent, à arrêter le mouvement de nos troupes, si la Porte-Ottomane s'engage à observer religieusement l'intégrité de l'église orthodoxe, » nous lisons encore :

« Après avoir lu l'arrogant défi que la Russie adresse à l'Angleterre et à la France, sous la forme d'une nouvelle circulaire signée Nesselrode, nous ne pouvons que rappeler la conclusion que nous posions le 2 juillet en ces termes :

» La force qui fait de la force est conséquente avec elle-même; mais la raison qui transige se contredit : elle n'est plus la raison, elle est la faiblesse ; alors, qu'elle se conduise comme la faiblesse ! La logique de la faiblesse, c'est de céder toujours, partout et sur tout. »

La *Presse* avait cru avec le *Siècle* qu'aussitôt le passage du Pruth par les armées russes connu à Constantinople, on aurait expédié aux deux flottes anglaise et française l'ordre d'entrer dans les Dardanelles, afin de conserver l'égalité des forces respectives. Le 13, elle avoue que la curiosité impatiente de l'accueil fait à la deuxième circulaire de M. de Nesselrode par le *Moniteur*, la *Patrie* et le *Pays* n'a reçu qu'une bien incomplète satisfaction. Non-seulement le *Moniteur* n'a pas qualifié la circulaire, mais il s'est abstenu de la reproduire ; la *Patrie* n'en a rien dit, et le *Pays* déclare que « l'importance même du document lui impose une réserve qui ne lui permet pas de le discuter aujourd'hui... » Alors M. de Girardin s'exprime ainsi :

« La question n'est plus de savoir, entre la Turquie et la Russie, de quel côté est le droit. La lumière sur cette question est faite à ce point qu'il y aurait plutôt excès qu'insuffisance de clarté. Qui veut éclairer ne veut pas éblouir.

» La question, la vraie question, l'unique question est maintenant de savoir, entre la Turquie, la France et l'Angleterre d'une part, et la Russie, l'Autriche et la Prusse d'autre part, de quel côté est la force?

» L'état de l'Europe répond que la force du droit n'a rien à redouter du droit de la force. C'est ce que la Russie, l'Autriche et la Prusse apprendront à leurs dépens, si elles rendent inévitable une guerre dont elles auront à porter toute la responsabilité et toute l'iniquité.

» Privée de sa marine, que devient la Russie?

» Serrée comme dans un étau entre l'Italie et la Hongrie, que peut l'Autriche?

» Ayant manqué à tous ses engagements de 1815 et de 1848, contractés au nom de la Liberté envers toute l'Allemagne intelligente, que pèsent les promesses de la Prusse?

» Le droit de la force appartient donc à la force du droit.

» Poser ainsi la question, c'est la résoudre.

Les flottes ont passé les Dardanelles. La *Presse* pense que le différent n'est pas circonscrit entre la Russie et la Turquie, et constate que l'Europe tout entière s'émeut depuis près d'un an de ce différent qui a mis en mouvement les forces maritimes, et se demande si ce différent se serait tout à coup amoindri à ce point.

La nomination du général Baraguay-d'Hilliers à

l'ambassade de Constantinople en remplacement de
M. de Lacour lui semble d'un bon augure, sans
doute à cause du caractère belliqueux et probe du
général, car elle rappelle que le nouvel ambassadeur
est le beau-frère du général Foy.

Elle se félicite de l'avantage remporté par les
Turcs sur les Russes dans le premier engagement.

Le 8 janvier 1854, le *Moniteur* a publié le décret qui
appelle à l'activité la seconde portion du contingent
de la classe de 1852. Cet appel est motivé sur la nécessité de mettre l'armée en rapport avec les besoins
impérieux du service, et sur la diminution considérable que vient de faire subir à l'effectif général de
l'armée la libération de la classe de 1846, qui se
touvait tout entière sous les drapeaux. La *Presse*,
entrant dans l'esprit de ce décret, dit :

« Ce décret rendu en exécution de la loi du
11 juin 1852, qui fixe à 80,000 hommes le contingent à appeler sur la classe de 1852, n'a donc rien
de commun avec le prétendu décret annoncé depuis
huit jours par les fabricants de fausses nouvelles,
qui semblent s'être donné pour tâche de semer
l'alarme, tandis que la France devrait mettre son
honneur à montrer au czar qu'il n'a pas le pouvoir
de l'intimider, pas même de la troubler dans le
cours de ses travaux et de ses transactions. La paix

comme la liberté s'affermissent par la confiance qu'on met en elles. »

Les deux situations rivales ont parlé, ont agi; elles sont nettement dessinées. Le 30 janvier, la *Presse* expose cette question :

» QUI SE CONTREDIRA ?

» La Russie a officiellement déclaré, dans la dernière dépêche signée Nesselrode et interprétée par lui qu'elle s'en tenait aux termes de la première proposition de Vienne, et qu'elle attendrait, pour donner à ses troupes l'ordre de repasser ses frontières, l'arrivée à Saint-Pétersboug de l'ambassadeur Turc qui apportera la Note autrichienne sans changement.

» L'Angleterre et la France ont l'une et l'autre pleinement donné raison à la Turquie dans son refus de signer la Note autrichienne sans explications qui en précisent le sens et en déterminent la portée.

» D'un côté est la Russie, de l'autre côté sont la France, la Grande Bretagne et la Turquie sur le premier plan; l'Autriche et la Prusse sur le second plan.

» La question est de savoir qui se contredira.

» Sera-ce la Russie ?

» Sont-ce l'Angleterre, l'Autriche, la France, la Prusse, la Turquie ?

» S'il en coûte à l'orgueil de la Russie de renoncer à d'injustes exigences, en coûterait-il donc moins à la dignité de la Turquie, de la Prusse, de la France, de l'Autriche et de l'Angleterre de renoncer à de légitimes résistances ?

» A quel titre la Russie, seule contre cinq, prétendrait-elle qu'une telle majorité subit la loi d'une animosité : cinq contre un ?

» Si les cinq puissances en désaccord avec la Russie avaient tort, elle pourraient mettre leur honneur à en convenir, mais elles ont raison ; or, ayant raison, elles ne sauraient se contredire, renier le droit, outrager la vérité sans se déshonorer.

» Donc, ou le czar renoncera à sa folle prétention de réduire le sultan à l'état de vassal, ou il rendra la guerre inévitable.

» Il n'y a point d'autre issue et toute opinion opposée à celle-ci serait une dangereuse illusion.

» La France et l'Angletere, fussent-elles abandonnées par l'Autriche et la Prusse, ne peuvent pas se contredire.

» Ne pouvant point se contredire, qu'ont-elles à faire? — Ce qu'il y a de plus simple.

» Elles ont, d'accord avec le sultan, à compléter l'occupation maritime de la mer Noire par l'occupation territoriale de Constantinople, jusqu'au jour où la Russie sera la première à proposer d'évacuer les Principautés, et de soumettre à l'arbitrage européen le renouvellement de ses anciens traités avec la Turquie.

» Avec les forces navales dont l'Angleterre et la France disposent, rien ne serait plus facile et moins long que de transporter à Constantinople une armée d'occupation.

» Quelle serait alors l'attitude du czar campant dans les Principautés? A l'odieux se joindrait aussitôt le ridicule.

» Étant ainsi échec et mat, qu'aurait-il de mieux à faire que de solder au plus tôt les frais de la partie qu'il aurait perdue?

» Pour gagner cette partie que faut-il? Ne plus perdre de temps, ne plus hésiter, mais agir.

» Emile de Girardin. »

Le 14 juillet, après la proclamation de l'empereur, à Boulogne, au corps expéditionnaire de la Baltique, où il est dit que les soldats qui vont s'embarquer ont été choisis « pour porter *les premiers* nos aigles dans les régions du Nord, » elle dit :

« Après de telles paroles, les plus belliqueuses et les plus précises qui aient été prononcées depuis le commencement de la guerre, il devient oiseux de se préoccuper du sens encore problématique des déclarations russes qui viennent d'être portées à Vienne et à Berlin, et de la question de savoir si ces déclarations ont pu sembler en Allemagne de nature à donner lieu à un nouvel échange de Notes diplomatiques. Il n'est pas douteux que les dernières communications de la Russie ne soient actuellement connues des puissances occidentales. La proclamation de Boulogne peut donc être considérée comme une réponse indirecte, mais publique, à ces communications dont le mystère continue à fatiguer la sagacité des nouvellistes. »

Le 21 août, sur l'annonce que l'envoyé de Russie a déclaré au cabinet de Vienne que l'empereur Nicolas venait d'ordonner l'évacuation complète de la Moldavie et de la Valachie, la *Presse* dit gaiement : « Il n'y a que le premier pas qui coûte, dit une chanson populaire. Ce qu'a de mieux à faire maintenant l'empereur Nicolas, c'est de faire de bonne grâce le second pas, en donnant toutes les garanties exigées, que les complications qui viennent de troubler le repos de l'Europe ne se renouvelleront plus. »

Terminons par ce curieux chapitre, un de ceux

dans lesquels l'esprit de M. Émile de Girardin se sent si à l'aise :

» L'OBSERVATION DU DIMANCHE.

» Une réunion de commerçants du Havre demande au rédacteur en chef de la *Presse* de se joindre à eux et de prendre parti contre la ligue qui s'est formée en faveur de l'observation du dimanche.

» Ce n'est pas la première exhortation de ce genre que nous recevons; mais puisqu'on insiste, nous répondrons, en toute franchise, que nous trouvons parfaitement légitime toute œuvre de prosélytisme qui s'accomplit en dehors de l'action de l'État: que cette œuvre de prosélytisme ait pour mobile un scrupule ou un intérêt, et pour objet une pratique religieuse ou une réforme économique.

» Nous savons tout ce qu'on peut dire de vrai et de faux sur le jésuitisme, mais nous savons aussi tout ce qu'on a dit de vrai et de faux sur le socialisme, tous deux, jésuites et socialistes, existent en vertu du même droit, du droit qu'ils puisent dans leurs convictions, fussent-elles suspectes et erronées. Lorsque nous revendiquons la liberté pour ceux-ci, ce n'est pas pour la refuser ou pour la marchander à ceux-là. C'est un des points par lesquels nous différons de l'*Univers* et de l'*Assemblé Nationale*, qui admettent la liberté pour les jésuites, mais qui ne l'admettent pas pour les socialistes. Parce que le parti du passé est dans l'ornière, est-ce donc une raison pour que le parti de l'avenir y verse ? Nous ne comprenons pas que, sous prétexte de rétablir l'équilibre par voie de représailles, l'on imite ce qu'on blâme.

» Après les déclarations d'abstention qui ont paru dans le *Moniteur*, déclarations formelles et réitérées, ce serait manquer de tolérance que de crier à l'intolérance contre ceux qui nouent une ligue pour l'observation du dimanche, puisque chacun demeure parfaitement libre d'en faire partie. Entre ceux qui adhèrent et ceux qui protestent, nous sommes sans titre pour intervenir.

» D'accord sur ce point avec le gouvernement, mais par d'autres motifs, nous sommes contre l'*observation légale* et pour *l'observation volontaire* du dimanche, et nous l'avouons, dussions-nous, à nos dépens, apprendre à nos abonnés que la liberté n'a pas deux poids et deux mesures, et qu'elle n'est plus la liberté dès qu'elle n'est pas égale pour tous et contre tous.

» ÉMILE DE GIRARDIN. »

Dans cette période où la politique est restée moins active, la *Presse* s'est beaucoup occupée des questions sociales et économiques. Toutes ces questions y sont traitées par des hommes compétents, habiles et pratiques. Ses lecteurs ont pu lire dans le feuilleton : *Le Monde des Oiseaux* de M. Toussenel; *Marguerite ou deux Amours*, de madame Émile de Girardin; *Confidences et causeries de Mademoiselle Mars*, de madame Roger de Beauvoir; *La Case de l'oncle Tom; La Marquise Cornélia d'Amalfi*, d'Eugène Sue; *la Famille Aubry;* de Paul Meurice; *le Repentir de Marion*, d'Arsène Houssaye : *le Chasseur de chevelures*, du capitaine Mayne Red; *Une Histoire de Famille*, par Méry; *Le Paradis des Femmes*, de Paul Féval; *Les Bourgeois de Molinchart*, de Champfleury; *L'Homme aux cinq louis d'or*, de Louis Ulbach, et la *Conversion* du malheureux et intéressant Raousset Boulbon. George Sand y commence : *Histoire de ma Vie*. M. Paulin Limayrac a succédé à M. Eugène Pelletan dans la critique littéraire. M. Victor Meunier y introduisit le compte-re du scientifique.

X

1855 — 1856 — 1857 — 1858 — 1859 — 1860

Conditions de la presse en général. — Timidités de la *Presse* — Guerre de Crimée. — Mort de l'empereur Nicolas. — Article de M. Émile de Girardin. — Le prince Menschikoff, legénéral Osten-Saken. — Percement de l'isthme de Suez. — M. Charles Edmond. — Pianori. — Mme Émile de Girardin. — Sébastopol pris. — Les Alliés et les Russes. — Défilé des troupes de Crimée, le 19 décembre 1856. — Le Congrès de Paris. — Joie de la *Presse*. — M. Eugène Pelletan. — L'*Ordre du jour*. — Famine politique de la *Presse*. — Encore l'isthme de Suez. — Spécimens de la littérature politique de la *Presse*. — M. Ferdinand de Lesseps. — M. Millaud, M. Émile de Girardin, M. Nefftzer, M. Charles Edmond. — Physionomie de la *Presse*. Sa prédilection pour les candidats qui se présentent au nom de la démocratie. Article de M. Nefftzer. — Victoire de la *Presse* dans les élections. Départ de M. Nefftzer. M. Peyrat. Son article sur les dernières élections. Suspension de la *Presse*. — Sa réapparition le 4 février. M. Guéroult, rédacteur en chef. Son esprit, ses tendances. — Procès politiques. — La *Presse* se prononce pour la guerre. Articles de MM. Guéroult et Léouzon-Leduc. — Retraite de M. Guéroult. — MM. Peyrat, Solar et Nefftzer. — Solferino. — Esprit de la *Presse* sur Villafranca. — Écrivains politiques et littéraires. — Rentrée de M. Émile de Girardin. — Notre opinion sur la *Presse*. — Victor Hugo.

Les conditions de la presse depuis la législation de 1852 ne sont point améliorées et l'on sent la gêne qu'éprouvent les journaux de ne pouvoir s'exprimer librement ; cependant l'on serait tenté de trouver une pointe d'ironie dans ces lignes qu'elle insère le 2 janvier 1855.

« Le *Moniteur* a aujourd'hui sa physionomie habituelle du jour de l'an. Bon nombre de ses colonnes sont remplies par des nominations dans l'ordre de la légion d'Honneur.

» Le *Moniteur de l'armée* annonce des nominations en nombre assez considérable à différents grades dans l'armée. »

Et dans les suivantes qu'elle publie le lendemain :

« Le *Moniteur* publie aujourd'hui de nouvelles nominations dans la légion d'Honneur, accordées sur la proposition de MM. les ministres des affaires étrangères et de l'instruction publique.

» Il rend compte des réceptions du jour de l'an aux Tuileries. Un seul discours a été prononcé par M. Troplong, président du Sénat, « autorisé, par exception, à s'écarter un instant du cérémonial ordinaire du jour ! »

Nous sommes en pleine guerre de Crimée. Les colonnes de la *Presse*, comme celles de tous les autres journaux sont remplies par les nouvelles du théâtre des événements. Ces nouvelles, on les recherchait alors et on les lisait avec avidité ; aujourd'hui cette abondance de documents donne à la *Presse* un ton d'uniformité qui la rend monotone. C'est un champ tranquille où les articles de M. Émile de Girardin n'éclatent plus comme des bombes, et ceux des écrivains qui se font le mieux lire ne les remplacent pas. Nous n'en poursuivons pas moins nos investigations dans ce champ aride.

Le 4 mars, l'empereur Nicolas est mort à Saint-Pétersbourg, à cinquante-neuf ans et trois mois, et après avoir commencé la trentième année de son règne. La *Presse* s'étonne que les dépêches ne s'accordent pas sur la nature de la maladie.

« Le contre-coup de cette mort, qui tombe au milieu des préoccupations de l'Europe, se fera évidemment sentir dans les complications actuelles. Est-ce une difficulté ou une solution ? Les événements nous instruiront assez tôt pour que nous puissions nous dispenser de dispositions banales. Nous devons, toutefois, mentionner l'opinion de lord Clarendon. « Cette nouvelle, a dit le ministre
» des affaires étrangères d'Angleterre, exercera sur
» la guerre une influence immédiate et directe ainsi
» que sur les négociations. » La Bourse a haussé de 4 fr. 40 c. sur le 3 0/0. »

Dans ce même numéro du 4 mars, nous lisons un des rares et courts articles du rédacteur en chef de la *Presse*, article que nous reproduisons en entier :

« Le gouvernement, qui possède des moyens si puissants et si divers d'investigations, ayant déféré aux tribunaux belges, la brochure qui a paru à Bruxelles sous ce titre : *De la conduite de la guerre d'Orient; expédition de Crimée, Mémoire adressé au Gouvernement de S. M. l'Empereur Napoléon III*, par *un officier général*, doit en connaître maintenant l'auteur.

» Comment expliquer alors que la vérité dévoilée ne soit pas encore venue faire justice des stupides rumeurs qui persistent à m'attribuer une participation quelconque à la rédaction et à la publication de cet écrit ? Qui me connaît sait qu'aucune considération n'eût jamais obtenu de moi, même en carnaval, que je me travestisse en *officier général*, et si l'écrit dont on parle tant depuis dix jours eût été, en effet, d'un officier général, ou cet officier général ne se fût pas prévalu de son titre, ou il eût signé son nom. Il est des situations qui n'obligent pas à demi, comme il est des caractères qui n'éludent jamais aucune responsabilité.

» ÉMILE DE GIRARDIN. »

Le 8, en apprenant que le prince Menschikoff est remplacé dans le commandement de l'armée russe par le général Osten Sacken, la *Presse* dit que cette mesure n'eût pas été prise du vivant de l'empereur Nicolas.

Le 19, M. Charles Edmond, un des nouveaux rédacteurs de la *Presse*, se déclare en faveur du percement de l'isthme de Suez et dénonce en termes indignés l'opposition déloyale de l'Angleterre contre cette gigantesque et noble entreprise :

« Les aveugles et inqualifiables résistances que M. Ferdinand de Lesseps a rencontrées à Constantinople, de la part de lord Redcliffe, à l'exécution du percement de l'isthme de Suez et de l'établissement d'un canal, approuvés par le vice-roi d'Égypte, démontrent une fois de plus la nécessité de sortir de la politique étroite des rivalités de chancellerie pour entrer enfin dans la politique large tracée par l'auteur des *Solutions de la question d'Orient* et de la *Paix* [1]. C'est à la France, « *arbitre de la société européenne,* » qu'il appartient de pousser l'Angleterre dans cette voie. Jamais le moment n'a été plus propice, car l'Angleterre, sans le bras de la France, serait manifestement impuissante à empêcher la

---

1. Ouvrages de M. Émile de Girardin.

Russie de mettre la main sur les clés des Dardanelles. Il faut faire de Sébastopol, on le peut, le point d'appui sur lequel reposera le levier de la civilisation pour soulever le monde nouveau et le placer sur sa base. »

Moins d'un mois après, le 8 avril, on lit :

« M. Charles Edmond nous écrit en nous priant d'annoncer que les idées que la *Presse* a émises dernièrement sur les nationalités étant opposées aux siennes, il se voit dans la nécessité de cesser de faire partie de la rédaction. »

L'attentat commis le 29 avril aux Champs-Élysées par Pianori sur la personne de l'Empereur des Français, la condamnation à mort de l'assassin, l'ordre du jour du général Pélissier, notifiant à l'armée russe sa nomination au commandement en chef, la prise du mamelon Vert, tout cela est enregistré par la *Presse* sans commentaires ni réflexions.

Le 30, elle prend le deuil en insérant entre deux doubles filets les lignes suivantes :

« A la suite d'une longue maladie, dont les progrès depuis huit jours avaient été d'une rapidité extrême, Mme Émile de Girardin a cessé d'exister, hier soir vendredi 29 juin 1855.

» Les vraies douleurs sont muettes. »

Le lendemain, 1er juillet, dans un feuilleton encadré de noir, M. Paul de Saint-Victor raconte la vie de Mme Émile de Girardin en rendant pleine justice à ses grandes qualités de caractère, d'esprit et de talent.

M. Nefftzer, rendant compte des obsèques, termine ainsi : « Au cimetière Montmartre, M. Jules Janin, au nom des lettres, et M. l'abbé Meitraud, au nom de la religion, ont prononcé quelques paroles touchantes. Mais la véritable oraison funèbre, c'était l'oppression visible de tous, et dans tous les cœurs le poignant regret d'une perte irréparable. »

Le 11 septembre, Sébastopol est pris. La *Presse* dit à ce sujet : « Il serait prématuré de rechercher l'influence que ces événements considérables peuvent exercer sur la grande question de la paix et de la guerre. » Mais elle ajoute le 13 : « La question de savoir ce que vont faire maintenant les alliés d'un côté, les Russes de l'autre, se pose tout naturellement, » sans dire ce qu'elle pense sur cette importante question.

Le 29 décembre, elle dit d'un ton de véritable satisfaction :

« L'événement du jour est l'entrée des troupes revenant de Crimée. On trouvera plus loin le compte-rendu de cette solennité patriotique et militaire, qui a produit un grand effet. »

On connait les sympathies de la *Presse* pour la paix universelle. A la chute de Sébastopol, elle se flattait de voir enfin la guerre cesser en Europe et faire place à une paix durable. Aussi, en 1856, à la veille de la réunion à Paris du Congrès des grandes puissances, accueillait-elle avec joie toutes les nouvelles propres à confirmer ses prévisions. C'est ainsi qu'elle écrit le 17 janvier : « Une grande et satisfaisante nouvelle est arrivée aujourd'hui à Paris : la Russie accepte purement et simplement comme préliminaires de paix les propositions contenues dans l'ultimatum autrichien. La dépêche qui annonce ce fait important est officielle ; elle est de M. de Bourqueney, ambassadeur de France à Vienne. » Et elle donne le texte de cette dépêche qui a été affichée à la Bourse.

Depuis que M. Eugène Pelletan a définitivement laissé la critique littéraire pour entrer et se fixer dans le domaine de la politique, il publie coup sur coup des articles sur des sujets brûlants, d'une franchise et d'une liberté d'allures qui diminuent bientôt le regret de ne plus lire ceux de M. Émile de Girardin. Le 23 janvier, il en publie un intitulé : l'*Ordre du jour*, article fort propre à rappeler à ceux qui l'auraient oublié, les conditions de la presse à cette époque. En voici le début et la fin :

« Une voix a traversé l'air : la Russie a accepté la décision de la victoire ; l'épée va rentrer au fourreau. Nous prenons la prophétie au vol, et nous en tirons immédiatement la conséquence.

» Depuis le jour où un homme, à Pétersbourg, joua le repos du monde sur une clé de sacristie, la question d'Orient devait, bon gré mal gré, absorber toutes les autres questions. Les armées étaient en présence, les jours tragiques de l'histoire étaient revenus, les esprits étaient inquiets, les regards tournés vers la Crimée. Que pouvaient dire les journaux dans ces circonstances? Eh! mon Dieu, ce qu'ils disaient à la file les uns des autres, avec plus ou moins de variantes. Ils parlaient de guerre, ils parlaient de paix, et ils passaient alternativement de l'une à l'autre, selon la disposition pacifique ou guerrière du télégraphe. Une étincelle électrique leur envoyait chaque matin de Berlin leur opinion de la journée.

» C'était dans l'ordre. Le canon parle : l'intérêt est au canon. Mais aujourd'hui que la paix reparait à l'horizon, Dieu veuille que ce soit pour longtemps ! elle rend la parole à toutes les autres questions ; car posées par le temps et maintenues par lui, ces questions sont toujours là instantes, impérieuses, qui nous enveloppent, qui nous pressent de toutes parts, vous, nous tous, tant que nous sommes ; qui nous interpellent par notre nom, par le nom de nos doctrines, et attendent notre réponse...

» Revenons-donc aux idées, si nous voulons redresser les convictions, dit en terminant M. Eugène Pelletan.

» Les peuples ont leur moment de silence. Nous en sommes-là aujourd'hui. Et dans de pareils moments, quand les foules sont partout recueillies, des écrivains chargés à tort ou à raison, à un titre ou à un autre, de porter la parole en public pourraient secouer la tête et dire : A quoi bon ? et par leur abstention de toute thèse sérieuse, il donneraient l'exemple de désespérer de la vérité ! Ils oublient donc que la presse est, au dix-neuvième siècle, le pouvoir constituant des intelligences ! »

Sans ces articles de M. Pelletan, de M. Peyrat, de M. Alfred Darimon, nouvelle recrue de M. Émile de Girardin, la *Presse* serait fort insignifiante ; et elle est fort heureuse, en cette année 1856, d'avoir le Congrès de Paris, l'insurrection espagnole d'O'Donnel, les affaires de Naples et le mouvement royaliste de Neufchâtel, car elle enregistre tout, nous ne dirons pas sans discuter, sans approuver ni improuver, mais sans ajouter un mot. Il n'est pas possible d'observer plus fidèlement le proverbe ancien : *Sed tace lingua.*

Mais une nouvelle question est sur le tapis, et déjà la *Presse* s'est prononcée chaleureusement en faveur du percement de l'isthme de Suez. Voici le début d'un nouvel article signé Pierre Vinçard, qui témoigne hautement que toutes ses sympathies lui sont acquises :

« Si la paix est rendue au monde, il faudra que l'activité soit féconde et ouvre à l'activité humaine de nouveaux horizons, sinon cette paix ne sera point sans danger pour les gouvernements de l'Europe, et loin de servir la cause de la civilisation, elle pourra en compromettre l'avenir. Au premier rang des entreprises qui peuvent inaugurer avantageusement l'ère nouvelle, se place le percement de l'isthme de Suez. Ce projet a tous les caractères d'une entreprise européenne. Son exécution sera un des bienfaits et en même temps un des gages les plus certains de la paix. C'est une œuvre de concorde et de confiance, qu'il s'agit d'accomplir à frais communs, dans l'intérêt général de l'humanité, sans appréhensions pusillanimes comme sans arrière-pensée de profits égoïstes. Les sympathies de l'Europe entière sont acquises à ce projet... »

Citons cependant, de la *Presse*, quelques phrases stéréotypées ou obligées dans lesquelles sa pensée ne se trahit d'aucune manière par le moindre indice.

16 mars. « Aujourd'hui, à 6 heures du matin, une salve de 101 coups de canon a annoncé la naissance d'un prince impérial. La délivrance a eu lieu à 3 heures un quart. Nous publions plus loin les bulletins officiels. »

Le 18. « Aujourd'hui, à une heure et demie, le Sénat, le Corps législatif, le Conseil d'État, la magistrature, l'Institut, le clergé des différents cultes, le Corps municipal et les députations de la garde nationale et des armées de terre et de mer sont allés porter aux Tuileries leurs félicitations à l'occasion de la naissance du prince impérial.

» Conformément au cérémonial indiqué, les grands corps de l'État et les députations qui ont présenté leurs félicitations à S. M. I. ont été admis ensuite à défiler devant le berceau du prince impérial. »

30 mars. « La paix a été signée aujourd'hui.

» A deux heures le canon des Invalides a annoncé la signature par une salve de 101 coups de canon.

» A trois heures, une proclamation a été affichée, portant que le traité « en réglant la question d'Orient, asseoit la paix de l'Europe sur des bases solides et durables.

» On se rappelle que l'armée russe de Crimée a salué, par une illumination splendide, la naissance du prince impérial. Il paraît qu'à Saint-Pétersbourg cet événement a donné lieu à un service d'actions de grâces. »

Le 24 avril :

« Depuis quelques temps, des comités se sont formés, à Paris et dans les communes du département de la Seine, dans le but d'offrir « un témoignage d'affection et de dévouement » à l'impératrice et au prince impérial. Pour cela, une souscription a été ouverte ; les versements ne doivent pas dépasser 25 centimes. M. le préfet de police vient d'adresser, à ce sujet, une circulaire aux commissaires de police de Paris et de la banlieue. M. le préfet de police autorise les fonctionnaires « à donner aux comités formés dans leurs sections le concours qu'ils réclament et peuvent réclamer d'eux. » Mais il leur recommande « de s'abstenir de toute démarche qui pourrait être considérée comme une pression quelconque, et de laisser à chacun une liberté complète. »

Le 2 mai, à propos du traité de Paris :

« Considéré dans son ensemble, le traité de paix,

rédigé dans toutes les règles et avec une clarté toute française et digne de servir de modèle aux négociateurs, remplit, au delà de toutes les espérances conçues dans l'origine, l'objet spécial de la guerre. La guerre avait pour but de mettre un terme à la prépondérance que la Russie avait acquise en Orient par ses conquêtes et par ses traités... »

Le 19 septembre, dans un article intitulé *Affaire de Neufchâtel*, signé J. B. Labiche, la *Presse* prédit à Neufchâtel qu'elle subira le sort de Cracovie.

Le 29 novembre, M. Ferdinand de Lesseps prend dans la *Presse* la défense de la grande entreprise à l'accomplissement de laquelle dès lors il a consacré sa vie.

Le 11 décembre, on lit en tête de la première colonne :

« Dans la dernière séance du conseil des intéressés de la société pour la publication du journal la *Presse*, M. Millaud, admis à faire partie du conseil, a été nommé gérant en remplacement de M. Émile de Girardin.

» Rien ne sera changé à la ligne politique du journal, à la rédaction duquel M. de Girardin avait cessé de concourir depuis le mois d'août 1854. »

Comme conséquence de cette modification de la *Presse*, M. Nefftzer devient rédacteur en chef de cette feuille en traînant à sa remorque M. Charles Edmond qui fait ainsi de nouveau partie de la rédaction.

A partir de ce moment, la *Presse*, comme tous les autres journaux du reste, est froide, peu intéressante. Les articles politiques sont muets. La littérature se rempare du feuilleton et de la troisième page du journal où elle figure en Variétés. Néanmoins nous remarquons au moment des élections nouvelles un article très-vif dans le sens libéral. La *Presse* patronne les candidats qui se présentent au nom de la démocratie.

Le 17 avril, nous trouvons un article curieux de M. Nefftzer dans lequel il combat les doctrines de M. Émile de Girardin. Nous en détachons ce passage.

« Nous avons dit, en discutant la doctrine de M. Pelletan, que le progrès était le chemin et la liberté le but. C'est la confusion des deux termes qui crée l'erreur de M. de Girardin. La liberté est bien définie par lui; elle est bien la négation de l'autorité, « la puissance de nous mouvoir de nous-mêmes selon les lois de notre être. » Mais il ne suffit pas que ces lois soient devinées ou déduites par quelques penseurs, il faut qu'elles soient familières à la conscience générale et nous n'en sommes pas encore là. « Est-ce un homme, dit M. de Girardin lui-même, que l'être inculte en qui l'instinct est tout, en qui la raison n'est rien, qui marche pesamment courbé sous le double joug de l'ignorance et de la misère, lesquelles l'abrutiraient s'il pouvait être abruti ! » L'éducation du genre humain n'est donc pas complète. Les peuples sont en route, aucun n'est arrivé. La liberté idéale n'existe nulle part, pas plus en Angleterre et aux États-Unis qu'en France. Aucune communauté d'hommes n'a encore osé s'en rapporter pleinement au concours des raisons individuelles pour créer l'harmonie générale. Il y a plus : les mœurs peuvent-être aussi tyranniques que les lois, et, pour ne citer qu'un exemple petit, mais qui a sa valeur, un Français n'est pas libre le dimanche en Angleterre. »

Le 9 juin, la *Presse* dit en répondant au journal le *Nord :*

« Il croit que le *Siècle* et la *Presse* seuls parlent encore de démocratie en France, « par un reste d'habitude inoffensive. » Il est dans l'erreur : Le gouvernement actuel a la prétention d'être un gouvernement démocratique. Tout le monde le sait, excepté le *Nord*...

» Nous avouons que nous suivons assidûment le mouvement électoral et même que nous cherchons à le développer de notre mieux, mais nous nous appliquons à ne pas le défigurer, et à ne pas l'exagérer. »

Le 10, poursuivant les mêmes idées, elle publie :

« Un certain nombre d'électeurs nous donnent communication de la liste suivante sur laquelle ils manifestent l'intention de porter leurs suffrages :

Edouard Laboulaye, membre de l'Institut, rédacteur du *Journal des Débats;*

Bethmont, ancien ministre ;

Général Cavaignac ;

Carnot, ancien ministre ;

Goudchaux, ancien ministre ;

Darimon, rédacteur de la *Presse.*

Vavin, ancien représentant.

Regnault, ancien sous-préfet de Sceaux.

» Nous déférons avec empressement à l'invitation qui nous est adressée.

» Quand ces candidats auront rempli les formalités légales, nous ferons connaître leur acceptation. »

M. Carnot et M. Goudchaux ayant été seuls élus, la *Presse* se félicite de ce résultat. Il reste trois députés à élire dans les troisième, quatrième et septième circonscriptions ; la *Presse* porte le général Cavaignac, M. Émile Olivier en faveur de qui

M. Garnier-Pagès s'est désisté, et M. Darimon qui sont élus tous trois.

C'est une victoire dont la *Presse* se frotte les mains en ces termes le 7 juillet :

« Les élections d'hier ouvrent la carrière politique à deux hommes nouveaux qui ne démériteront pas (MM. Émile Olivier et Darimon). L'un de ces deux hommes est notre collaborateur, et personne ne peut trouver mauvais que nous ressentions vivement l'honneur qui rejaillit sur notre journal de cette élection et l'encouragement qui nous est ainsi donné. C'est pour nous un motif de plus, et un motif bien précieux de persévérer dans la ligne que nous avons adoptée. »

Cette période électorale n'est donc pas sans gloire ni profit pour la *Presse*, et c'est fort heureux pour elle, car les événements de l'Inde, l'entrevue de Stuttgard, l'ouverture de la session, à cette époque, lui offraient une mince pâture. Cependant la *Presse* n'était pas complétement dépourvue d'intérêt : sa bonne littérature compensait l'absence du côté politique. Aussi est-on surpris de voir le 15 novembre le dernier Bulletin de M. Nefftzer qui se termine par ces mots :

« Nous faisons aujourd'hui nos adieux aux lecteurs de ce journal, à la rédaction duquel nous sommes, à partir de ce moment, complétement étranger. »

Le lendemain 16, le Bulletin est signé du secrétaire de la rédaction E. Pauchet. M. Peyrat est devenu rédacteur en chef.

Le 3 décembre, M. Peyrat constate, dans un article sur les dernières élections, que le parti démocratique a fait triompher sept de ses candidats. Et le 5, paraît cet article qui eut un si grand retentissement, dans lequel M. Carnot et M. Goudchaux qui ont refusé le serment sont énergiquement blâmés. M. Peyrat « proteste contre un acte fait pour jeter l'incertitude et le découragement dans l'opinion publique. »

On lit dans cet article les paroles suivantes :

« Dans ce journal, Dieu merci, on a l'habitude de penser et de parler librement, suivant l'impression qu'on éprouve, au moment où on l'éprouve, sans consulter qui que ce soit, ni sur ce qu'il convient de dire ni sur le choix du moment où il convient de le dire. »

A la suite de cet article la *Presse* disparait dans une suspension de deux mois.

Le 4 février 1858, la *Presse* reparait avec M. Ad. Guéroult en qualité de rédacteur en chef. M. Guéroult inaugure son entrée par un article intitulé : *Le grand problème de la politique*, où il explique d'après lui les causes des changements de gouvernements. Détachons-en ce passage :

« Depuis cette époque, la pensée dominante du gouvernement impérial, autant qu'il est possible de la dégager des passions contemporaines et des incidents secondaires, paraît avoir été de donner satisfaction à ce qu'il y avait de légitime dans les aspirations et dans les répugnances des deux classes désormais réunies devant l'urne du suffrage universel : d'assurer à la bourgeoisie l'ordre, la sécurité ; aux classes populaires le travail et le bien-être. De là le double caractère à la fois répressif et organisateur que présente le gouvernement qui préside aujourd'hui aux destinées de la France. »

Cet article est très-étoffé, il est éloquent ; il se distingue surtout par le côté pratique, et l'on y découvre un sens politique très-développé. Ces qualités sont, du reste, celles qui distinguent le talent du rédacteur en chef de l'*Opinion Nationale*.

Sous M. Guéroult la *Presse* ne subit pas d'importantes modifications ; souvent un article dit *Premier Paris* précède le *Bulletin du jour*. Elle semble s'entendre avec l'Empire tout en le conseillant. Elle rend compte très-sommairement. Voici ce que nous lisons à la date du 27 février :

« Le procès d'Orsini et consorts s'est terminé hier

soir par un verdict qui condamne Orsini, Piéri et de Rudio à la peine des parricides, et Gomez à la peine des travaux forcés à perpétuité. Nous donnons plus loin la fin des débats. »

Mais la *Presse* est raisonneuse, car elle dit le 3 mars :

« Lorsque nous assignons l'amélioration morale, intellectuelle et physique des masses populaires pour but suprême aux efforts de la politique, personne n'oppose à nos paroles une résistance sérieuse. Chacun, au contraire, proteste de son bon vouloir et se déclare prêt à concourir à tout ce qui sera tenté dans cette voie. »

De même le 11 :

« La Cour de cassation a rejeté aujourd'hui le pourvoi formé par Orsini, de Rudio et Piéri contre l'arrêt de la Cour d'assises de la Seine qui les condamne à la peine de mort. »

Le 14, quelques mots lui suffisent pour annoncer l'exécution d'Orsini et de Piéri.

Les élections des 25 et 26 avril qui font entrer au Corps législatif M. Jules Favre et M. Ernest Picard, occupent la *Presse*, mais sans trop l'animer.

Le 5 juillet, dans un article intitulé : *De la situation présente des journaux*, il est dit à propos de l'affaire de l'Opéra qui a provoqué la nomination du général Espinasse au ministère de l'intérieur :

« ... N'est-il pas malheureux de songer que dans un pays comme la France, où la pensée est si libre, si clairvoyante, il n'ait été possible ou permis à personne de dire au gouvernement : Prenez garde; vous dépassez la juste limite; en voulant vous défendre contre des dangers imaginaires, vous risquez de faire naître des dangers réels; pour un crime commis par des étrangers, vous allez avoir l'air de mettre la France en suspicion. Personne ne vous conteste le droit de vous défendre, mais pourquoi proclamer un danger public qui peut-être n'existe pas. »

Au milieu de tout cela, M. Guéroult poursuit impitoyablement la tâche qu'il semble s'être donnée en prenant possession de la *Presse*, celle de battre en brèche les vieux abus et le pouvoir temporel. Le pape n'est pas en sûreté avec M. Guéroult qui lui dit de très-dures vérités sur le petit Mortara, le pouvoir spirituel et le pouvoir temporel, le fameux *non possumus*, etc., dans des articles faits de main de maître et qui sont d'un très-vif intérêt dans cette période de la *Presse*.

Mais des événements d'une grande importance se préparent et la *Presse* ne manquera pas de pâture.

Dès les premiers jours de 1859 il n'est question que de bruits de guerre. Le *Moniteur* croit devoir parler. On y lit cette déclaration le 7 janvier :

« Depuis quelques jours l'opinion publique est agitée par des bruits alarmants, auxquels il est du devoir du gouvernement de mettre un terme en déclarant que rien dans nos relations diplomatiques n'autorise les craintes que ces bruits tendent à faire naître. »

La *Presse* se prononce immédiatement et énergiquement pour la guerre. Dans un article de M. Guéroult du 8 janvier, intitulé la *France et l'Autriche*, on lit :

« Les paroles adressées par l'Empereur à M. de Hubner, et qui ont causé tant de rumeur en Europe, n'ont guère fait que constater d'une manière éclatante un dissentiment sourd dont les germes, déjà visibles au Congrès de Paris, ont grandi et se sont développés depuis lors. »

Ces paroles de l'Empereur à M. de Hubner : « Je regrette que nos relations avec votre gouvernement ne soient pas aussi bonnes que par le passé ; mais je vous prie de dire à l'Empereur que mes sentiments personnels pour lui ne sont pas changés » justifiaient d'autant plus l'émotion et l'article de la *Presse*, que le *Constitutionnel* avait dit : « Nous sommes en mesure de reproduire textuellement le langage de Sa Majesté. »

Le 7 février, ouverture de la session de 1859. Le discours de l'Empereur dans la *Presse* est suivi de cette appréciation du rédacteur en chef :

« Ce discours aura en France et en Europe un profond retentissement. Sans s'écarter de la réserve que lui commandaient la gravité des circonstances et sa haute position, l'Empereur a su caractériser rapidement la situation et les alliances de la France, l'accord avec l'Angleterre, la cordialité avec la Russie, la communauté d'intérêt de la France et du Piémont, les dissidences multiples avec l'Autriche.

» Bien que le chef de l'État n'ait pas perdu l'espoir de conserver la paix, il est consolant pour ceux que préoccupe l'honneur du pays de penser que son gouvernement ne se laissera « ni entraîner, ni intimider, » et qu'à ses yeux, « l'intérêt de la France est partout où il y a une cause juste et civilisatrice à faire prévaloir. »

» L'état anormal de l'Italie n'est pas dissimulé, non plus que les inquiétudes qu'elle cause à la diplomatie. Mais nous voyons que la politique de la France restera « inébranlable dans la voie du droit, de la justice et de l'honneur national. »

» Notre approbation, on le sait, n'est ni banale

ni convenue. Nous n'avons jamais hésité à faire nos réserves ou explicites, ou silencieuses sur les actes du gouvernement que nous ne pouvions approuver; mais devant cette politique extérieure à la fois ferme et conciliante, devant ce noble langage, nous ne pouvons qu'exprimer une entière sympathie. Quand la première rumeur des intérêts sera calmée, le pays tout entier, nous l'espérons, l'appréciera comme nous. »

A huit jours de distance, le 15, un article intitulé *La crise italienne* et signé Leouzon-Leduc, attire à la *Presse* un avertissement. « Considérant qu'une telle polémique est de nature à jeter dans les esprits des inquiétudes mal fondées... »

Comme conséquence de cet avertissement, on lit dans le numéro du 3 mars :

« Nous avons le regret d'annoncer que M. Ad. Guéroult se retire, à dater de ce jour, de la rédaction de la *Presse*. »

Le lendemain, une nouvelle combinaison amène à la tête de la *Presse* MM. Peyrat, Solar et Nefftzer. Cette direction n'est pas moins favorable à la guerre que la précédente. Le 10 mai, elle applaudit chaleureusement au départ de l'Empereur pour l'Italie, comme elle salue plus tard les succès remportés par notre armée. Le 25 juin, à la nouvelle de la bataille de Solférino, elle dit :

« La nouvelle d'une grande victoire remportée hier a été donnée ce matin par le canon des Invalides et par une dépêche que nous reproduisons ci-après.

» Cette dépêche est très-sommaire, mais ce qu'elle dit suffit pour faire comprendre que la bataille où les armes françaises ont triomphé de nouveau, et dont nous ne connaissons pas encore le nom, est une des plus considérables de ce siècle, qui en a vu de si terribles, — et aussi, il faut l'espérer de toutes les manières et nous le croyons, une des plus décisives. »

La *Presse*, alors sous la direction de M. Peyrat, est un des journaux qui ont le plus poussé à la guerre et qui l'ont vue se terminer brusquement avec le plus d'étonnement et de regrets. Ces regrets, la *Presse* les a exprimés plus d'une fois avec amertume. Elle voyait la joie de la *Gazette de France* et de l'*Union*. Et lorsque ces journaux, champions de la légitimité et de la papauté, qui avaient crié à l'injustice de cette guerre, s'applaudissant d'une façon indécente de la voir se terminer, insinuèrent que la France avait fait prudemment de s'arrêter à Villafranca sous peine de ne pouvoir se maintenir devant les forces qui allaient se lever contre elle, M. Peyrat répondit : « Ce n'est pas nous qui croyons que la France s'est arrêtée à Villafranca par crainte de l'ennemi. »

Sur cette question le patriotisme de la *Presse* était évidemment mieux inspiré que celui des feuilles légitimistes et cléricales.

Dans cette longue période que nous venons de parcourir, une foule d'écrivains politiques et littéraires ont traversé la *Presse*. Si l'on comptait bien, on reconnaîtrait peut-être qu'il est peu d'écrivains distingués de ce temps dont on n'y trouve pas les noms. Dans la politique, outre les noms qui y ont jeté le plus d'éclat, nous voyons défiler MM. Alexandre Bonneau, Charles Brainne, Alfred Darimon, Horn, Chatard, Jacques Valserres, Alfred Assolant, Léouzon-Leduc, Charolais, Paulin Limayrac, Charles Sauvestre, J. B. Labiche, etc. Pour la littérature ils sont innombrables, citons au hasard : Odysse Barrot, Roger de Beauvoir, Louis Ulbach, Ernest Feydeau, Frédéric Thomas, Victor Borie, Clément Caraguel, Amédée Achard, Hippolyte Castille, Arsène Houssaye, Alphonse Karr, Charles Hugo, Amédée Rolland, Benjamin Gastineau, etc., etc.

En 1855, nous voyons entrer M. Paul de Saint-Victor qui succède bientôt à M. Théophile Gautier dans la *Revue des théâtres* qu'il occupe encore. M. Eugène Pelletan est un de ceux qui ont le plus combattu littérairement et politiquement. Le dernier passage de M. Peyrat à la *Presse* se signale par la justesse et l'excellence de ses nombreux articles.

La dernière rentrée de M. Émile de Girardin à la *Presse* a été pleine d'éclat. Dans cette dernière campagne si bien remplie, si complète, la *Presse* s'est maintenue au premier rang des journaux, par le rôle qu'elle a joué comme action dans tous les événements. Cette campagne est trop près de nous et trop bien connue de tous les esprits pour qu'il soit fort nécessaire de s'y arrêter. L'intérêt dont ce journal est rempli depuis sa fondation, nous a d'abord fourni une si grande abondance de matières que nous sommes forcé de nous arrêter.

Maintenant appuyons notre opinion sur la *Presse* de ces lignes échappées à la plume d'un grand poëte, d'un grand esprit, Victor Hugo, ce sera son plus bel éloge :

« Quelles que soient nos dissidences républicaines avec la *Presse*, il n'échappera pas à votre esprit de justice qu'elle a toujours été, en bloc et en somme, un journal de progrès et de liberté au double point de vue politique et littéraire. »

M. H. ROUY

RÉDACTEUR EN CHEF-GÉRANT DE LA PRESSE

M. H. Rouy, fils de M. C. Rouy, administrateur de la *Presse* de 1836 à 1842, et de 1845 à 1853, a été nommé gérant de la société du journal, la société devenant société H. Rouy et Cie, en janvier 1845, alors qu'il a fallu pourvoir au vide laissé dans les rouages sociaux par l'entrée à la conciergerie de M. Nefftzer condamné à un an de prison par la Cour d'assises, à propos de sa fameuse publication dans les colonnes du journal et sous le titre de : *Message du président de la République; des principales opinions politiques personnelles de L.-N. Bonaparte.*

Peu de temps après son entrée à la *Presse*, en juin 1851, M. Rouy était condamné à quinze jours de prison, à la suite d'un des nombreux procès de presse de cette époque. A peine sorti de Sainte-Pélagie, un nouvel arrêt de la Cour d'assises de la

Seine le condamna à six mois de prison et à mille francs d'amende, mais défaillant à ce procès où sa cause avait été jointe à celle de *l'Avènement du peuple*, le journal de V. Hugo, M Rouy formait une opposition à l'arrêt de la cour d'assises et se voyait acquitté 15 jours après.

A la retraite de M. de Girardin, l'action de M. Rouy devint vraiment importante, et en faire l'historique c'est faire l'historique de la société elle-même.

M. de Girardin retiré, M. Rouy, voyant avec M. Millaud entrer dans la société l'idée officiellement annoncée de faire servir la *Presse* aux intérêts particuliers d'une grande société financière qui venait de se fonder, entreprit pour sauvegarder la dignité et l'indépendance du journal une lutte qui, en juin 1859, lui faisait écrire par M. de Girardin : *Mon cher ami, continuez à défendre aussi bien que vous l'avez fait le drapeau qui de mes mains est passé dans les vôtres;* » et qui, en novembre 1857, amenait sa révocation par M. Millaud et ses amis persistant, malgré les statuts, malgré la délibération sociale antérieure, à regarder M. Rouy comme un subalterne. M. Rouy en appela aux tribunaux, et sa révocation fut annulée le 21 décembre par un jugement du tribunal de Commerce qui rendait pleine justice à M. Rouy, mais qui, tout en disant que la société continuerait à être gérée par Rouy et Millaud conjointement, donnait à M. Millaud la qualité de rédacteur en chef, — cette partie du jugement évidemment rendue sous l'impression produite par la suspension de deux mois prononcée contre le journal, au milieu de la lutte, le 4 décembre 1857, à la suite d'un article de M. Peyrat mal compris par le ministre de l'intérieur d'alors, M. Billault.

Ses droits établis par le tribunal et reconnus enfin par M. Millaud, ne voulant s'occuper, d'un autre côté, que de la blessure faite au journal par la suspension, sachant de plus la société financière de M. Millaud en désorganisation complète, M. Rouy suspendit la lutte, intimement convaincu qu'un avenir prochain amènerait une modification à l'état des choses d'alors.

Effectivement, un an après, en février 1859, M. Millaud cédait sa position à M. Solar, nouveau financier et associé de M. Mirès dans la *Caisse générale des chemins de fer*. M. Solar du moins connaissait le journalisme politique, puisqu'en 1846 il avait été rédacteur en chef de *l'Époque* et, en 1861, rédacteur en chef du *Messager de l'Assemblée*. Sous le régime de M. Solar, le journal reprenait en partie la physionomie politique qu'il avait perdue sous M. Millaud, et M. Rouy, marchant tout à fait d'accord, sur tous les points, avec M. Solar, croyait le journal rendu, sinon à son ancienne politique, du moins à la paix et à la sécurité, quand se produisirent en 1860 les événements de la *Caisse générale des chemins de fer*. M. Solar s'expatria en vendant une partie de ses parts et la rédaction en chef littéraire à M. Arsène Houssaye; en vendant une autre partie de ses parts et la co-gérance à M. Raynouard, secrétaire général de la société Mirès et Cie ; en vendant la rédaction en chef politique à M. Peyrat, laissant une dernière fraction de ses parts entre les mains de la liquidation de la *Caisse générale des chemins de fer*. Tous les droits vendus par M. Solar étant sujets à contestations, le desarroi social était plus complet que jamais. M. Rouy, voyant dans ces nouvelles complications la ruine de la société, eut à nouveau l'idée de ramener M. de Girardin à la tête du journal. Tous les anciens propriétaires de la *Presse* se rallièrent à son idée, et le succès finit par couronner les efforts communs, mais ce ne fut pas sans de nouveaux incidents. La majorité qui, en 1861, avait d'abord repoussé par vote l'admission de M. Peyrat comme rédacteur en chef, ne se retourna contre lui qu'en 1862. Elle commença, le 8 février, par réunir sur la tête de M. Rouy les deux gérances de la société, et finalement le nomma rédacteur en chef social, le 20 novembre suivant ; — mais après qu'une indemnité de 100,000 francs eut été consentie à M. Peyrat et à six associés qu'il s'était adjoints pour la propriété de la rédaction en chef.

M. Rouy nommé redacteur en chef, M. Émile de Girardin fit sa rentrée à la *Presse* le 4 décembre 1862, six ans, jour pour jour, après sa retraite.

De 1862 à 1866, la paix la plus parfaite régna dans la société de la *Presse*.

Le 22 janvier 1866 et le 10 février suivant, la *Presse* reçoit deux avertissements qui émeuvent au dernier point trois ou quatre des plus importants propriétaires du journal. De cette émotion naissent de nouvelles complications sociales qui ont commencé par la retraite de M. de Girardin et de ses principaux collaborateurs, et qui viennent de finir au moins momentanément, par l'avènement à la *Presse* de M. Émile Ollivier.

M. ALFRED DARIMON [1]

Suivant M. Vapereau, M. Darimon serait un des plus fervents disciples de M. de Girardin. Ce n'est

1. Né à Lille.

pas notre avis. Nous ne voyons aucunement l'analogie qui existe entre les idées de ces deux écrivains. L'un ne relève de personne, il est lui, bien lui, libre comme le Zingaro; l'autre, posé, sérieux, serré dans ses idées, éclectique peut-être, ce qui est une qualité à notre époque de parti-pris, proudhonien à coup sûr, et s'il se fait gloire de relever de quelque chose, c'est de la révolution, ce sublime aimant qui nous entraîne tous et à l'influence duquel pas un honnête homme ne peut se soustraire.

Ceci posé, esquissons à grands traits la vie à peine commencée et très-remplie déjà de M. Darimon, l'un des rares députés-écrivains de ce temps-ci.

Après d'excellentes études au lycée de Lille, le jeune Darimon fut obligé, à cause de la position médiocre de sa famille, d'accepter un mince emploi aux archives départementales du Nord. Là il fut chargé de rechercher et de copier les chartes qui devaient entrer dans l'*Histoire du Tiers-état*, préparée par M. A. Thierry. Ce travail, quoique passablement ingrat, plaisait fort au futur député, qui devint en très-peu de temps chef de la section historique. Ce poste, un peu plus important, lui fournit l'occasion de publier des recherches historiques dans les différents recueils du département du Nord, et notamment dans la *Revue du Nord* et dans les *Ar-*

chives du Nord et du Pas-de-Calais, ainsi qu'un Mémoire sur les communes de la Flandre, qui a servi à M. Thierry à redresser certaines erreurs de ses premiers ouvrages et qui a valu à son auteur une médaille d'argent.

A la fin de 1844, M. Darimon vint à Paris avec la résolution d'entrer dans le haut enseignement, mais il ne tarda pas à s'apercevoir que cette carrière était une impasse.

M. Cousin régnait en maître, et tout ce qui ne se soumettait pas à ses exigences se voyait arrêté dès les premiers pas. D'ailleurs, une révolution s'était faite dans l'esprit de l'ex-archéologue. Né dans une ville manufacturière qui comptait 1 indigent sur 9 habitants, il avait souvent réfléchi aux causes qui enfantent le paupérisme. Il avait lu les économistes, mais leurs doctrines ne l'avaient point satisfait ; il avait étudié les diverses écoles socialistes, mais si leurs protestations contre l'inégalité des conditions excitaient sa sympathie, il ne pouvait admettre leurs appels incessants à l'autocratie de l'État.

Ce jeune et courageux esprit ne savait comment sortir des difficultés qui se présentaient à lui, difficultés qu'il voulait vaincre à tout prix, problèmes sociaux qu'il voulait résoudre, lorsqu'un de ses amis lui apporta un jour les premiers essais de

Proudhon sur la propriété et le droit. Ce livre fut pour le jeune philanthrope comme un trait de lumière. Sans adopter d'une façon absolue toutes le conclusions du célèbre publiciste, il découvrit comment on pouvait concilier les réformes sociales avec la liberté. M. Darimon avait dès lors trouvé sa voie, qu'il n'a pas abandonnée depuis.

Son premier ouvrage, publié en 1847, porte le titre de : *Exposé méthodique des principes de l'organisation sociale*. Ce livre n'a d'autre mérite que celui de nous faire faire connaissance avec un nommé *Kremwe*, philosophe allemand.

La révolution de février éclate.

Proudhon appela à lui son prosélyte et lui donna une part de collaboration au *Représentant du peuple*, qui fut supprimé à la suite des journées de juin en compagnie de la *Presse* et de la *Gazette de France*.

Proudhon et Darimon fondèrent alors le *Peuple* qui, en quelques mois, atteignit un tirage de plus de 100,000 numéros. Le *Peuple* n'eut pas un meilleur sort que son aîné, il disparut le 13 juin 1849, à la suite du pillage de ses bureaux par les bons petits gardes nationaux. Au *Peuple* succéda la *Voix du peuple*, que dirigea seul Darimon, Proudhon subissant à Sainte-Pélagie une condamnation à trois mois de prison. Même honneur fut réservé à cette feuille, qui périt pour avoir combattu avec trop de vivacité la fameuse loi du 31 mai. On retira le brevet à son imprimeur, M. Boulé. Enfin à la *Voix du peuple* succéda le *Peuple de* 1850, à la rédaction duquel prit part M. Darimon, mais qui ne suivit pas les traditions de ses ainés. Ce journal recevait ses inspirations non de Proudhon, mais d'une portion de la gauche législative, qu'on appelait la *petite montagne*, et qui comptait dans ses rangs Michel (de Bourges) et Mori du Frailles.

Les rédacteurs du *Peuple* et de la *Voix du peuple* s'étaient éparpillés par toute la France. M. Darimon resta à Paris, et devint le correspondant politique d'un journal démocratique de Marseille. Un de ses articles donna lieu à un procès, le seul que M. Darimon se soit jamais attiré personnellement. Il fut traduit devant la cour d'assises d'Aix pour avoir dit *qu'il se préparait un coup d'État*. C'était le 29 novembre 1851. Le jury trouva que cet article ressemblait trop à une prédiction pour être incriminé et en acquitta l'auteur.

Retiré de la politique active, après le coup d'État, Alfred Darimon reprit ses travaux historiques. En compagnie de Proudhon, et sur la demande d'un libraire, il se mit à la composition d'un long ouvrage qui devait porter le nom de *Chronos*, et être le pendant du célèbre *Cosmos* de Humboldt. Ruiné par le 2 décembre, Proudhon dut abandonner ce travail, qui ne devait être fructueux qu'après de longues années d'attente, et son collaborateur Darimon fut obligé de l'imiter.

Ce fut alors que M. de Girardin lui proposa d'entrer à la *Presse*. De 1854 à 1858, M. Darimon a abordé dans ce journal toutes les questions économiques et sociales qu'il a traitées avec cette liberté d'esprit que M. de Girardin a toujours laissée à ses rédacteurs. En 1856, parut de M. Darimon un volume intitulé : de la *Réforme des banques*, résumant ses idées en matière de circulation et de crédit. L'auteur demandait dès cette époque que la question fût soumise à une enquête. Cette enquête se fait en ce moment.

Aux élections de 1857, le parti démocratique, boudeur jusque-là, crut le moment venu de reparaître sur la scène ; mais il se divisa en deux camps : les uns imposaient aux candidats l'obligation de refuser le serment ; les autres, au contraire, voulaient que les candidats élus entrassent à la Chambre pour y faire une opposition constitutionnelle absolue. Élu, ainsi que M. Émile Olivier, Alfred Darimon eut l'honneur de fonder cette fameuse opposition qui, grossie de MM. Hénon, Jules Favre,

Ernest Picard, fit tant de bruit de 1859 à 1863 sous la dénomination *des Cinq*.

A cette même époque, une révolution s'étant opérée à la *Presse* en faveur de M. Guéroult, M. Darimon en sortit, pour y rentrer un peu plus tard, à l'avènement de M. Solar.

A la Chambre, pendant la législature de 1857-63, M. Darimon a constamment marché avec le groupe des *Cinq*, mais il s'est plus particulièrement occupé des questions de budget et d'affaires. Il a pris part à toutes les discussions importantes, et si son rôle a été un peu effacé par la nature des sujets qu'il a traités, il n'en a pas moins cherché à le rendre utile. C'est ainsi qu'il a constamment demandé le rappel de la loi de sûreté générale, et le gouvernement a laissé périmer cette loi; il a demandé une loi sur les coalitions, et le gouvernement a déféré à ce vœu; il a demandé une loi sur les sociétés coopératives, et une loi est en ce moment soumise à la Chambre; il a trouvé cette loi défectueuse, et il a demandé une enquête : cette enquête a eu lieu, elle vient de se clore; enfin il a demandé et obtenu une loi sur les chèques, et a été nommé rapporteur de cette importante loi.

Réélu député de la Seine en 1863, M. Darimon, comme récompense sans doute de la modération dont il a toujours donné des preuves, ainsi que son collègue Émile Ollivier, et qui a même été cause de la scission qui s'est opérée dans le camp démocratique, fut choisi en 1865 comme secrétaire du Corps législatif et nommé chevalier de la légion d'Honneur.

M. Darimon est encore, cette année, secrétaire de la Chambre.

Nous n'avons pas à nous occuper ici des dissentiments qui se sont élevés dans le camp de l'opposition entre MM. Émile Ollivier, Darimon et leurs collègues; nous ne dirons pas si le secrétaire de la Chambre a bien ou mal fait d'accepter le ruban qu'on lui offrait : en M. Darimon nous n'avons à considérer surtout que le journaliste de la *Presse*. Dans un ouvrage auquel nous travaillons depuis longtemps déjà et que nous publierons un de ces jours sous ce titre : *Nos* DÉPUTÉS, *leur passé, leur présent*, nous reparlerons de M. Darimon, mais cette fois spécialement comme député.

Terminons cette notice en disant que la spécialité de cet écrivain comporte les questions économiques et financières; mais il ne s'est jamais abstrait de la politique et il conclut toujours à la nécessité de la liberté.

M. Darimon a raison, car on n'arrivera que par

la liberté à résoudre tous les problèmes que soulève le xix⁰ siècle.

M. ARSÈNE HOUSSAYE

DIRECTEUR LITTÉRAIRE DE LA PRESSE.

Né en 1815, à Bruyères (Aisne), le célèbre auteur du *41ᵉ fauteuil* passa ses premières années à la campagne, occupé à *bucoliquer*, et fut tour à tour cultivateur, meunier et soldat.

Mais il n'était pas né pour les exercices du corps seulement. Sous l'enveloppe matérielle se tourmentait trop à l'étroit une âme de poëte et d'artiste, une intelligence active et pleine de séve. La vie des champs a des horizons bornés, il en fallait de plus vastes à son esprit et à son cœur enthousiastes. D'un autre côté la carrière des armes, quelques promesses qu'elle puisse faire, n'est pas assez indépendante pour satisfaire aux exigences d'une imagination ardente et passionnée de l'imprévu.

A vingt ans, Arsène Houssaye venait à Paris, publiait, en 1836, *la Couronne de Bleuets* et *la Pécheresse*, et trouvait dans deux célébrités des lettres

MM. Jules Janin et Théophile Gautier, des protecteurs qui lui aplanirent les voies si rudes de la carrière littéraire. Il publia successivement de 1839 a 1840 : Les Revenants, les Onze maîtresses délaissées, et un volume de poésies : Les Sentiers perdus; puis, il écrivit avec M. Jules Sandeau Madame de Vandeuil, Mademoiselle de Kerouare, Milla, Marie, et donnait, en 1844, la Vertu de Rosine, avec un acte à l'Odéon : Les Caprices de la marquise. La même année, il était nommé rédacteur en chef de l'Artiste, et faisait paraître La revue du Salon de 1844, et Galerie de portraits du XVIII siècle, qui fut suivie d'un volume de poésies : La Poésie dans les bois.

En 1846, il publia Romans, contes et voyages et Histoire de la peinture flamande et hollandaise, et obtint la décoration : l'année suivante parurent les Trois sœurs.

La révolution de 48 détourne un instant Arsène Houssaye de ses travaux habituels et le jette dans la politique. Et d'ailleurs, qui donc ne s'est pas un peu grisé aux banquets patriotiques, où l'imagination, cette folle du logis, s'égare bien loin du présent, dans les jardins hypothétiques de l'utopie. Tous les esprits sont républicains, dans ces jours de fièvre et d'exaltation, même ceux qui ne l'étaient pas la veille et ne le seront plus le lendemain.

Président du banquet des étudiants, Arsène Houssaye envia les honneurs de la tribune, et brigua, comme candidat du parti démocratique, les suffrages de son département. Odilon Barrot l'emporta sur lui.

Garda-t-il rancune de cet échec à la république ou bien en arriva-t-il à se persuader que le peuple français n'était pas mûr encore pour cette forme de gouvernement ?

Cette dernière hypothèse est la plus probable, et explique la cantate qu'il composa en 1851, après le coup d'État, pour mademoiselle Rachel : *L'empire c'est la paix*. Il est vrai qu'à cette époque, il était administrateur de la Comédie-Française, où le public, enivré de chants patriotiques, avait laissé jouer devant des banquettes vides *Gabrielle*, d'Émile Augier, et *la Marâtre* de Balzac. Il avait, en 49, publié le *Voyage à Venise* et abandonné la rédaction de l'*Artiste*.

A partir de cette époque, son bagage littéraire se grossit d'ouvrages de critique et d'humour et d'études historiques; toutefois le charmant interprète du sexe aimable et toujours aimé est loin d'abandonner sa première manière. S'il lui fait quelques infidélités, ce n'est que pour lui revenir plus passionné que jamais. Peut-être est-il allé cueillir quelques fleurs rares pour lui tresser de plus belles couronnes.

Il livre successivement aux éditeurs : *Philosophes et Comédiennes* (1850) ; *la Pantoufle de Cendrillon* et le *Voyage à ma fenêtre*, (1851); *les Filles d'Ève* et, *Sous la Régence et sous la Terreur*, (1852) ; et de 1852 à 1857, en même temps qu'il écrit des notices sur les écrivains du xviiie siècle, pour être publiées en tête des éditions nouvelles de leurs œuvres, il donne *le Repentir de Marion* (1854) ; *Poëmes antiques* (1855) ; *l'Histoire du quarante et unième fauteuil* (1855), et *le Violon de Franjolé*, (1856).

C'est cette dernière année qu'il donna sa démission à la Comédie-Française.

Il avait fait jouer, en 1852 : *la Comédie à ma fenêtre.*

Enfin de 1857 à 1864, la librairie met en vente ses *Poésies complètes ; le Roi Voltaire ; Mademoiselle Mariani* (1859), époque où il prend la direction de l'*Artiste ; Mademoiselle de la Vallière et madame de Montespan, Histoire de l'Art français, les Femmes comme elles sont, les Femmes du temps passé, les Charmettes : J.-J. Rousseau et madame de Warens, Mademoiselle Cléopâtre, Blanche et Marguerite* etc...

Une comédie en 5 actes, *les Comédiennes*, reçue aux

Variétés, en 1857, n'a pas encore eu les honneurs de la rampe. (?)

Arsène Houssaye a écrit, en outre, pour le *Constitutionnel*, *la Revue des deux Mondes* et *la Revue de Paris*, de nombreux articles. L'*Artiste* lui doit quantité d'études critiques et d'art, et la *Presse*, dont il est l'un des principaux propriétaires et le directeur de la partie littéraire, a publié de lui, sous le pseudonyme de *Pierre de l'Estoile*, un feuilleton hebdomadaire intitulé : *l'Histoire en pantoufles*.

M. Arsène Houssaye est inspecteur général des musées de province, et a été promu, en 1858, officier de la légion d'Honneur.

Nature artistique s'il en fut, c'est à l'art qu'il a consacré son existence tout entière. S'il l'a cherché dans les formes, il l'a exigé aussi dans les sentiments et l'intelligence. S'il aime le côté plastique chez la femme, il revêt les formes nues d'une gaze pleine de poésie, et fait pardonner à la grâce si savamment éclairée, les mille petites faiblesses qu'elle a, pour des ingrats souvent. S'il a maintes fois brisé son idole, pour en adorer une nouvelle, le charmant auteur *des Onze maîtresses délaissées* leur accorde au moins un souvenir. Il a placé dans son cabinet de travail, un véritable musée qui, bien différent de la maison de Socrate, peut contenir deux cents amis, s'il est possible de réunir jamais ce nombre, environ cinquante portraits de femmes.

Les peintres de l'époque, ses amis pour la plupart, ont fait de son habitation un temple de l'Art, et c'est au milieu de chefs d'œuvres de tous genres que le charmant écrivain imagine et écrit des livres que s'arrachent les jolies pécheresses qu'il peint et celles qu'il ne peint pas.

M. PAUL DE SAINT VICTOR

Dans ce Paris envahi, M. Paul de Saint-Victor est un parisien de la veille. Il donna de bonnes leçons sur le terrain même de ses bonnes études. Il passa ensuite quelque temps à Rome.

Son père, le savant latiniste, a pu lui dire : « Tu marcheras sur des pierres qui ont été les Dieux de César et de Pompée. »

Voir les Dieux dans la poussière, cela donne de l'humilité aux faibles humains.

M. Paul de Saint-Victor avait du goût pour la diplomatie ; les hasards de la politique ont autrement disposé de ses destinées. Il y a lieu de le regretter peut-être. M. de Saint-Victor eût donné de la couleur au style officiel, un tour nouveau aux formules uniformes. Le spirituel critique d'art, l'ingénieux feuilletonniste dramatique, a fait ses premières armes dans une Revue catholique : le *Correspondant*. On le vit ensuite au journal la *Semaine*, où il ne fit que passer. Au *Pays*, il donna la mesure de son talent. Enfin il fit ses débuts à la *Presse* et depuis lors la faveur publique ne lui a pas fait défaut un seul instant.

Pour parachever le portrait littéraire de ce gentilhomme de lettres, je ne puis faire mieux qu'emprunter une page au curieux livre de mon spirituel ami Jean Dolent : UNE VOLÉE DE MERLES.

« M. Paul de Saint-Victor recevra lundi prochain et les lundis suivants.

» M. Paul de Saint-Victor s'est acquis une réputation de causeur émérite ; grâce à lui, le rez-de-chaussée de *la Presse* est le rendez-vous ordinaire de la bonne compagnie ; il y tient bureau d'esprit musqué et de bons mots assortis, à la grande joie des délicats et des raffinés.

» Il s'acquitte de son rôle avec une suprême distinction et un atticisme parfait, et fait les honneurs du logis avec une aisance rare.

» Un tomahawk à l'aspect belliqueux l'amène à évoquer le souvenir des héros de Cooper ; à leur suite il nous entraîne vers les bords de l'Ohio. Suivons-le de bonne grâce. Un parasol chinois lui remet en mémoire une maxime célèbre de Confucius; il est bon de paraître écouter cette citation avec le plus vif intérêt. Ce cher cicérone s'attristerait si, distrait, vous passiez devant certain livre d'heures d'une châtelaine du moyen âge; une goutte de sang macule le précieux Missel; ne manquez pas de vous enquérir de l'histoire tragique qui s'y rattache, si vous avez quelque souci des convenances.

» Un yatagan se repose des fatigues d'une existence agitée entre un éventail pompadour et une pipe turque. Ce serait désobliger l'homme excellent qui vous choie, que de ne pas compter, sur l'acier recourbé, les entailles en dents de scie, titres de gloire de cette arme curieuse.

» Vous allez enfin pouvoir prendre congé.

» Après avoir témoigné, en homme bien élevé, toute votre admiration pour la bibliothèque du maître, il vous est permis de vous esquiver, non peut-être sans murmures, ingratitude notoire. M. Paul de Saint-Victor se mire dans son style, sans crainte de la noyade. Il bâtit ses feuilletons à l'exemple de ce mahométan magnifique aux frais de qui l'on construisait une splendide mosquée : il fit mêler du musc au ciment, afin qu'elle fût tout entière et à jamais parfumée.

» C'est le pinceau fleuri des portraitistes de ruelles. Je détache quelques feuillets de son album mondain :

« Silhouettes féminines. — Mademoiselle Nelly a le bec et le ramage de cettte chose que l'on appelait une grisette. »

« Mademoiselle Coraly Geoffroy, du Cirque : Une jolie voix égarée dans un temple guerrier, comme un oiseau chanteur qui ferait son nid dans la bouche noire d'un canon. »

« L'Alboni, dans le rôle d'Azucena la sorcière : C'est un rossignol faisant son sabbat. »

« Mademoiselle Blanche Pierson, sous le capuchon d'un ermite, rappelle ces statues de l'amour des temples ruinés, auxquelles le temps moqueur suspend une barbe de mousse. »

« Léonie Leblanc, en habit de sérail, ressemble aux petites sultanes de Crébillon fils, qui sortent en riant d'un œuf enchanté. »

« Mademoiselle Emma Livry rappelle cette forme aérienne de la Dogana de Venise, qui tourne sur son globe d'or au moindre vent des lagunes. »

» On n'est pas plus galant.

» On discuterait sans profit M. de Saint-Victor.

» Il faut le rejeter avec dédain ou l'admettre sans

condition. L'incandescent critique n'est pas pétri d'un vulgaire limon; il franchit les ravins, escalade les cimes élevées, et parfois se perd dans les nuages. Il s'élance! il bondit! il vole!... Qu'il marche, c'est assez. Cette exigence indique une nature prosaïque et positive, nous le confessons en toute humilité. »

» M. Paul de Saint-Victor évite sagement le ton doctoral; il a une sainte horreur des épithètes malsonnantes et des périphrases brutales, ce dont lui savent gré ses justiciables, artistes et écrivains, peu habitués qu'ils sont à tant d'urbanité.

» Ce n'est pas un agneau inoffensif, cependant, quoiqu'il ait le sourire sur les lèvres aux heures mêmes de ses terribles colères ; plus d'un souffreteux rimeur porte ses marques : sourire, c'est une façon de montrer les dents. »

M. Paul de Saint-Victor a en préparation plusieurs ouvrages importants ; on parle d'un livre d'art et d'un livre d'histoire. En donnant au public une œuvre d'imagination, l'élégant écrivain joue une partie nouvelle. Nous verrons le critique quitter sa stalle et entrer en scène. Il dit c'est ainsi que l'on marche, que l'on entre, que l'on sort ; à son tour il devra marcher, entrer et sortir.

La tentative est périlleuse.

M. Paul de Saint-Victor affrontera le danger le front haut: le sifflet appelle le sifflet cependant.

M. LOUIS FIGUIER

M. Louis Figuier est né à Montpellier le 15 février 1819, où il a pris ses grades en médecine; il est aussi docteur-ès-sciences; de plus, il est le neveu d'un professeur de chimie à l'école de pharmacie du chef-lieu de l'Hérault; par-dessus le marché enfin, il a été professeur agrégé de chimie à l'école de pharmacie de Paris.

En vérité, nous serions bien bons de nous étonner de voir M. Louis Figuier faire merveille dans les sciences telles qu'on les traite dans les feuilletons.

C'est en 1855 que M. Louis Figuier est venu s'asseoir dans le fauteuil que laissait vacant M. Victor Meunier.

Il était déjà connu par de nombreux articles et *Mémoires,* fournis, de 1847 à 1854, aux *Annales des sciences,* au *Journal de pharmacie* et à la *Revue scientifique.*

Les ouvrages de M. Louis Figuier, savant jeune encore, sont nombreux. Ses connaissances embrassent toutes les parties, toutes les branches de la science; elle n'a point de profondeurs qu'il n'ait déjà explorées, de mystère qu'il n'ait su dévoiler. Mais on tremble à l'idée d'entrer dans ce dédale de titres techniques qui seraient de l'hébreu pour un poëte tel que Lamartine.

La réputation de M. Louis Figuier comme écrivain scientifique date de 1851, époque où il publia son *Exposition et histoire des principales découvertes modernes* en deux volumes, avec les divisions suivantes : La *Photographie,* la *Télégraphie aérienne* et la *Télégraphie électrique,* — les *Aérostats,* — l'*Éclairage au gaz,* — les *Poudres de guerre* et la *Poudre-coton,* — la *Planète le Verrier.* L'année suivante, en 1852, il publia un troisième volume contenant l'histoire complète de la *Machine à vapeur,* accompagnée de descriptions des principales machines de ce genre. Et en 1853 enfin il compléta cet important ouvrage par la publication d'un quatrième volume, qui renferme l'histoire de l'électricité, divisée en quatre notices : la *Machine électrique,* — la *Bouteille de Leyde,* — le *Paratonnerre* et la *Pile de Volta.*

Puis vient l'*Alchimie et les Alchimistes.*

Un des derniers ouvrages de ce savant fécond et infatigable a fait du bruit, je veux dire qu'il a été fort goûté du public : c'est l'*Histoire du merveilleux dans les temps modernes.*

Cet ouvrage se compose de quatre volumes. On y trouve l'histoire des *Diables de Loudun*, des *Convulsionnaires jansénistes*; la *Baguette divinatoire* et les *Prophètes protestants*, *Histoire du magnétisme animal*; les *Tables tournantes*, les *Médiums* et les *Esprits*.

M. Louis Figuier publie chaque année chez M. Hachette, l'*Année scientifique et littéraire*, recueil des articles qu'il publie périodiquement dans les journaux.

A la fin de l'année dernière, 1865, M. Louis Figuier a publié *Les Savants illustres*, dont la critique a rendu bon compte; ce livre a eu et jouit encore d'un véritable succès.

Le style de M. Louis Figuier se distingue par l'élégance et la recherche que l'on trouve rarement chez les savants.

Madame Louis Figuier a publié dans la *Revue des deux Mondes : Mos de Lavène* et les *Nouvelles languedociennes*; et dans le feuilleton de la *Presse*, la *Sœur de lait*.

M. EUGÈNE PAIGNON

Un spécialiste de la *Presse*.

M. Eugène Paignon est né dans le département de la Dordogne, dans la petite ville de Mussidan.

Il commença ses études à Angoulême et les acheva au collége de Bordeaux. Il suivit ensuite les cours de la faculté de Toulouse, vint à Paris se faire recevoir licencié, et retourna dans sa ville natale.

Il profita d'un séjour qui lui laissait beaucoup de loisirs pour composer un ouvrage relevant de sa profession d'avocat sous ce titre : *Éloquence et improvisation. Art de la parole oratoire au barreau, à la tribune et à la chaire.*

Revenu à Paris, le voilà avocat au conseil d'État. C'est vers ce temps qu'il publia sa *Théorie des opérations de banque ou Droit et devoirs des banquiers en matière de commerce d'argent.*

En 1856, M. Paignon traita dans la *Presse* cette question de la réforme des banques. Justement M. Alfred Darimon venait de publier chez Guillaumin un ouvrage sur le même objet. Il eut donc sur ce point, avec le député actuel de la Seine, M. Darimon, son collaborateur aujourd'hui, une polémique qui ne fut pas pour lui sans honneur.

M. Eugène Paignon appartient depuis longtemps à la *Presse*. Ses articles se distinguent par un bon sens et une justesse qui dénotent l'esprit exact d'un écrivain qui connait la matière dont il s'occupe.

Le 24 décembre 1862, M. Eugène Paignon a fort judicieusement apprécié l'arrêté de la cour impériale de Paris (chambre correctionnelle) acquittant M. Cerf, imprimeur à Versailles, qui avait fourni ses presses pour l'impression d'une brochure intitulée : *Revenons à l'Évangile,* brochure éditée par Marpon et dont nous étions l'auteur.

M. GEORGE JAURET

Un méridional, né en 1826, dans le département de Lot-et-Garonne.

M. George Jauret a pris ses grades universitaires à l'Académie de Cahors et à la Faculté de Bordeaux.

En 1848, il est un des principaux collaborateurs du *Républicain de Lot-et-Garonne*. En 1849, il vient à Paris et publie dans la *Presse* et le *Bien-être universel* de rares articles.

Les années passent, M. Jauret se décourage, la politique ne lui offre pas assez d'aliments. Que fait M. Jauret? Il se jette dans l'étude des races orientales, et publie sur ce sujet une série de travaux dans une *Revue arménienne*, avec l'abbé Aïwahowski, son propriétaire et son rédacteur en chef, aujourd'hui archevêque d'Odessa.

La *Revue arménienne* disparait ; M. Jauret passe à

Bruxelles, où il devient rédacteur de la *Libre Recherche,* fondée par M. Pascal Duprat.

De là il passe à Neufchâtel et devient rédacteur en chef de l'*Indépendant,* qu'il dirigea pendant trois ans.

Pendant qu'il était à Neufchâtel, M. Jauret adressait à la *Presse* des correspondances et des Variétés sur l'organisation politique de la Suisse. Revenu à Paris en 1860, depuis 1862 il est un des collaborateurs actifs de la *Presse.*

M. ANDRÉ SANSON

Un savant de la *Presse.*

M. André Sanson est né dans la Charente-Inférieure en 1826.

Élève de l'École d'Alfort en 1848, il prit part aux événements de février et de juin, en qualité d'élève des Écoles. C'est assez dire que le jeune André Sanson était républicain, voire socialiste; ce qui le prouve, c'est que certains articles qu'il inséra dans l'*Union républicaine* de Saintes, feuille rayée des contrôles du journalisme le 2 décembre, nuisirent beaucoup au développement de sa carrière.

Il en coûte parfois d'être républicain.

Enfin le voilà vétérinaire. Il traverse en cette qualité le train, les cuirassiers et l'artillerie. En 1856, il est nommé par concours chef des travaux chimiques à l'école vétérinaire de Toulouse. Il était bien. Mais il s'avise de publier *Les Missionnaires du progrès agricole*. Un pareil titre! en fallait-il davantage ? Aussi, vite un ordre de révocation et d'expulsion expédié par le télégraphe... et M. André Sanson arrive à Paris sans ressources.

Les commencements furent durs. Il trouva cependant des travaux qui l'aidèrent à vivre laborieusement. Les *Missionnaires du progrès agricole* étaient heureusement dédiés à M. Émile de Girardin. Une lettre de l'éminent publiciste servait même de préface à ce livre. En 1862, lorsque M. de Girardin rentra à la *Presse*, M. André Sanson remplaça M. Louis Figuier passé à la *France*.

En décembre 1865, M. André Sanson dut se retirer devant une nécessité qui supprimait la partie scientifique de la *Presse*. Nous pensons bien que ce retrait ne sera pas définitif : on ne laisse pas chômer longtemps des hommes tels que M. Sanson.

M. André Sanson a publié : outre ses *Missionnaires*, *Science sans préjugés*, exposé critique des faits et questions scientifiques du temps, et *Semaines scientifiques* ou exposé critique annuel des progrès de la science et de leurs applications à l'économie sociale, agricole, industrielle et domestique.

M. EUGÈNE CHATARD

Collaborateur régulier de la *Presse*. C'est lui qui traite les affaires d'Amérique et l'on peut dire qu'il s'acquitte de cette tâche en homme qui connait la question américaine, c'est-à-dire qu'il la traite au point de vue des intérêts français.

M. Chatard est avocat.

Ancien collaborateur de l'ancien *Journal du Commerce* et de l'ancien *Courrier Français*, fondateur en 1830 du *Sténographe des Chambres*, plus tard rédacteur en chef du *Messager*, puis rédacteur à l'*Estafette*.

Voilà déjà bien des étapes.

Ce n'est pas tout encore.

M. Eugène Chatard a rédigé la *République*.

Il a encore acheté la *Réforme*, avec MM. Brives, Schœlcher, Savoye, Michel de Bourges, feuille qui devint dès lors le *Vote universel*. M. Eugène Chatard a jeté dans ce journal une partie de son œuvre.

Signataire de la protestation des journalistes qui suivit l'incarcération arbitraire de M. de Girardin, il fut choisi conjointement avec ce dernier et M. Lubis comme syndic des rédacteurs en chef.

Des motifs d'intérêt ont empêché M. Eugène Chatard d'imiter l'exemple des rédacteurs de la *Presse*, qui tout récemment ont suivi M. de Girardin dans sa retraite.

M. PHILIPPE BURTY.

M. Philippe Burty est un parisien né en 1830. Au moment où il commençait son droit, survint la révolution de février qui l'obligea à se réfugier dans le commerce de soiries qu'exerçait son grand-père paternel.

La tourmente passée, revenant à ses goûts artistiques, il entra dans l'atelier d'un peintre distingué, attaché à la manufacture des Gobelins. Il y fit des études sérieuses en étudiant l'art sous toutes ses formes.

Mis en rapport avec M. Charles Blanc, il rédigea la chronique de la *Gazette des Beaux-Arts*, y inséra en outre des articles sur la gravure, la lithographie et la photographie.

En 1863, M. Burty fut appelé à la *Presse* pour y rédiger spécialement ce qui portait alors quotidiennement la rubrique « Beaux-Arts. » Plus tard on lui confia la Quinzaine artistique, ayant pour objet les Beaux-Arts appliqués à l'industrie. Il fit en outre le compte-rendu des salons de photographie (1863-1865). Dans ses articles, M. Burty s'est toujours montré fort sympathique aux tentatives faites dans l'esprit moderne, à toutes les formes qui tentent de revêtir les formes contemporaines.

Dans la lutte entre M. de Nieuwerkerke et l'Académie, M. Burty s'est prononcé hardiment pour la nouvelle école contre une tradition mesquine et arrogante, et ne craignit pas de relever le gant qu'avait jeté M. Beulé debout sur la tombe d'Hippolyte Flandrin.

M. Paul de Saint-Victor tient dans la *Presse*, en ce qui touche les Beaux-Arts, une large place qui limite l'essor de M. Burty. C'est dommage. On a remarqué et l'on sait gré à M. Burty du soin qu'il prend de revêtir d'une forme littéraire les sujets ingrats qu'il est réduit à traiter.

Eugène Delacroix, à son lit de mort, à désigné M. Burty pour classer les huit à dix mille dessins qui composaient son testament d'artiste.

M. Philippe Burty est donc un homme apprécié.

M. MARIO PROTH

M. Mario Proth date de loin, quoiqu'il soit jeune encore; il a débuté au *Gaulois* par une virulente satire sur le Congrès international. Depuis il a marché à pas de géant, car nous le voyons au *Courrier du Dimanche* en 1860 et 1862; puis à la *Presse* en 1863 où il écrit une suite d'articles sur l'*Histoire de la Révolution* de Louis Blanc, sur Jean Reynaud et ses théories. Nous passons à dessein sur tous les journaux morts qu'il a traversés parce que son talent n'aurait pas réussi à les faire vivre, et nous arrivons au célèbre *Livre Rouge*, édité par Dupray de la Maherie, où nous trouvons le nom de M. Mario Proth au bas des articles sur *Cinq-Mars, Fouquier-Tinville* et *Saint-Just*.

M. Mario Proth a publié les *Lettres d'amour de Mirabeau*, précédées d'une *Étude sur Mirabeau* et l'hiver dernier, les *Vagabonds*, livre qui a obtenu un vrai succès.

Mais le meilleur titre littéraire de M. Mario Proth, à notre avis, c'est la *Silhouette de la Révolution*, réunion de ses articles de la *Presse* où il a réussi à développer son idée politique individualiste.

L'espace ne nous en permet pas davantage; nous reviendrons à M. Mario Proth dans un autre journal.

M. ÉDOUARD BAÜER [1]

M. Édouard Baüer est le plus jeune des écrivains de la *Presse* et l'un des plus jeunes de toute la presse.

Comme la plupart des journalistes politiques, il a débuté par le journalisme littéraire.

Sans attendre d'avoir franchi pour toujours le seuil du lycée Bonaparte, le jeune Édouard s'avisa de fonder une feuille autographiée sous cette singulière rubrique : le *Zing boum boum*.

Ce premier essai tintamaresque vécut, hélas !

Ce que vivent les feuilles,

et disparut non sans avoir été maintes fois victime de mesures répressives.

A peine au sortir du collége,

en 1856, et enhardi sans doute par le succès de son *Zing boum boum*, Édouard Baüer, fonda le *Journal*

---

[1]. Né le 18 mars 1838,

inutile illustré par le fantasque Durandeau. Ce second essai littéraire fut couronné du même succès que le premier, car il disparut au bout de six mois, non sans avoir prouvé le contraire de son titre.

M. Baüer n'y tint plus cette fois, et jetant un regard de mépris sur ses ingrats lecteurs, il fit voile vers l'Algérie, où il s'enrôla sous la bannière de Clément Duvernois, alors rédacteur en chef de *l'Algérie nouvelle*. Pour occuper les loisirs que lui laissait la politique, le jeune Baüer fonda le *Passe-Temps*, petite feuille qui, ayant occasionné un duel entre un de ses rédacteurs, M. de Fonvielle, et le général Yusuf, dut disparaître incontinent.

L'infortuné fondateur se tourna alors vers le théâtre, et, plus heureux sur cette scène que sur celle du journalisme, il vit avec bonheur le public algérien applaudir ses *Chinois à Alger*, revue de 1858 en trois actes.

Enfin, en 1862, son ressentiment pour les Parisiens étant apaisé, il revint à Paris, et entra à la *Presse*, dont il est aujourd'hui *secrétaire de la rédaction*. La tâche journalière de M. Baüer est aride, ingrate, mais il a su par son talent la rendre supportable et presque attrayante.

LA LIBERTÉ

LA LIBERTÉ

―――

Aujourd'hui, tout le monde le sait, la *Presse* n'est plus à la *Presse ;* elle est à la *Liberté*, où elle est passée avec armes et bagages, son brillant et solide état-major en tête, avec sa verve remuante et militante dont pendant si longtemps ses nombreux lecteurs ont fait si bonne chère, ses traditions sociales et libérales, son génie et ses idées essentiellement modernes qui continuent à se développer éloquemment et victorieusement.

C'est donc là que tous ceux qui ne l'ont pas oubliée, tant ils en étaient friands, doivent la chercher.

La *Liberté*... singulière destinée que la sienne !

Légitimiste, remorquée par le *Journal des villes*

et des campagnes, se nourrissant des restes de ce journal hybride, comme le pauvre vivant des miettes de la table du riche, qui n'existait que de nom, rédigée par des écrivains inconnus, ignorée depuis sa naissance, à ce point qu'hier encore elle était introuvable... eh bien! cette feuille impossible à tous égards, sans idées, sans initiative et sans abonnés, cette feuille lue précieusement par ses rédacteurs et dormant du sommeil du juste partout où on la déposait... voilà que des milliers d'exemplaires s'en répandent en tous lieux, elle est dans toutes les mains, car sous ce masque de la *Liberté* on a tout de suite reconnu la *Presse*, la vraie *Presse!*

Et tout cela s'est fait en un jour, c'est-à-dire que cette transformation s'est opérée en un tour de main...

N'est-ce pas prodigieux? N'est-ce pas magique?

Oui... mais examinons.

Peut-on faire quelque chose avec rien? En fait de journalisme surtout, tout gît dans les procédés mis en œuvre. Or, M. Emile de Girardin, fidèle à sa clairvoyante méthode, a changé la *Liberté* de fond en comble, si complétement qu'elle n'est plus reconnaissable. Hier, indifférente à l'œil, sous une direction inerte ou incapable... aujourd'hui la voilà pimpante et sémillante. Elle frappe tous les regards, on l'attend, on se l'arrache.

Eh! ne sait-on pas qu'en journalisme, au rebours de ce qui se passe dans la société, c'est l'habit qui fait le moine? Nommez-moi un journal d'un triste aspect que quelqu'un se donne la peine de lire...

C'est que ces feuilles, aussi malencontreuses qu'inutiles, ne contiennent rien.

Au contraire, ce qu'on sait et ce qui est, c'est que le journal de bonne mine est plein de bonnes choses.

Chaque journal a la physionomie de son esprit. Or, comme la *Presse* (je parle de la nouvelle) représente le plus exactement l'esprit nouveau dont elle est le type, elle a la physionomie de cet esprit, elle a tout de suite été reconnue sous le masque, on l'a saisie au passage.

Et puis, qu'elle science de l'arrangement! Quel tact dans la disposition des matières qui composent le journal! Ici les dépêches télégraphiques, là l'article de fond, la pièce de résistance, plus loin l'entre-filet piquant, plus loin encore la littérature mêlée à la politique: le courrier des théâtres, le compte rendu de livres y trouvent leur place naturelle; tout jusqu'aux *Nouvelles du jour*. jusqu'aux *Faits divers* s'y loge en son lieu. Ainsi point de maladresse. Cet ensemble est si clair qu'il suffit au lecteur d'un coup d'œil pour trouver ce qu'il cherche.

Et voilà ce qui a produit ce succès, peut-être sans exemple dans les annales de la presse.

A nous les théories originales qui vont si bien à notre siècle! s'est-on écrié.

S'est-on trompé?

Non.

Les théories très-originales, très-hardies et très-nouvelles qui ont fait le succès de l'ancienne *Presse* ne manqueront pas à la nouvelle, celle qui entre dans l'arène, armée de toutes pièces, la *Liberté*.

Du reste, outre son habile transformation, elle a déjà montré que rien n'est changé dans ses habitudes; c'est-à-dire qu'elle est aussi intéressante qu'agréable et utile.

Et quelle cohorte de rédacteurs!

Les nommerons-nous?

Nommons-les, mais sans faire l'éloge de leur talent trop connu, trop bien apprécié.

MM. Émile de Girardin, Clément Duvernois, Vermorel, Guy de Charnacé, Alfred Assolant, sans oublier M. Jules Vallès, Adrien Marx, talents d'un autre genre, mais qui ne seront pas inutiles à la *Liberté*.

Le succès de la *Liberté* ne peut manquer d'être durable... à moins que M. Émile de Girardin ne reprenne la direction de la *Presse*.

Cela lui est arrivé plus d'une fois, mais jamais après avoir dirigé un nouveau journal.

ÉCRIVAINS DE LA LIBERTÉ

M. ÉMILE DE GIRARDIN

Tous les siècles ont leurs novateurs, c'est à dire des hommes nouveaux, des hommes d'initiative et d'action, pleins de vigueur, pleins de force et de volonté, entreprenants, hardis, à qui rien ne résiste, qui sont des leviers à remuer tout un monde. Ces pionniers de la civilisation ne suivent pas les sentiers battus. Ce qui existe les fait souffrir. Ce qu'il leur faut, c'est une mine nouvelle qu'ils vont faire éclater et dont il sortira des résultats féconds. Ne vous opposez pas à leurs desseins, ce serait inutilement; ne leur jetez pas des barres dans les jambes, ils les briseraient, fussent-elles de fer. Le repos leur est inconnu; ou plutôt l'action est leur repos. Ils suivent leur but par tous les moyens, malgré tout ils y arrivent. Combien d'ennemis, par leurs idées nouvelles, leurs procédés nouveaux, leur manière d'agir ne se font-ils pas? Ils les dédaignent ou ils les plaignent. Les injures que la jalousie leur jette au passage, ils les méprisent et continuent leur chemin. Est-ce qu'ils ont le temps de s'arrêter ? Vous qui ne les comprenez pas, ils vous laissent ; car pour eux l'œuvre est commencée, il faut qu'elle s'achève.

M. Émile de Girardin est un de ces hommes.

Voyez cet œil qui miroite sous une arcade sourcilière avancée et surmontée d'un front *superbe*, ces narines ouvertes, et cette bouche si bien fermée, Voilà qui l'atteste.

Si une figure porte l'empreinte de l'intrépidité de caractère de l'homme d'action, certes c'est bien la sienne.

M. Émile de Girardin est né à Paris le 22 juin 1806. Il fut faussement déclaré sous le nom de « Émile de » Lamothe, fils de père inconnu et de demoiselle de » Lamothe, lingère, fille d'un sieur de Lamothe, demeurant au Mans, » personnages complétement imaginaires. Jusqu'au 22 juin 1821, il porta le nom de Lamothe. Mais il était majeur, et le premier usage qu'il fit de sa liberté fut de prendre le nom d'*Émile de Girardin*. C'est bien le nom qui lui appartient légitimement, sinon légalement. La preuve résulte de la déclaration faite par son père, le général comte Alexandre de Girardin au sein d'une commission de la chambre des députés, réunie pour se prononcer sur la nationalité du jeune député de Bourganeuf. On trouve cette déclaration dans le *Moniteur* du 24 décembre 1837. Il ne pouvait, à moins d'un procès criminel en soustraction d'état, s'approprier le nom de sa mère, Adelaïde Marie Fagnan, fille de M. Fagnan commis général aux finances sous le roi Louis XVI, car elle avait épousé M. Dupuy, conseiller à la cour royale de Paris, mort le 22 novembre 1842 [1].

Le premier acte de M. Émile de Girardin est un trait de son caractère. Son père jouissait de toute la faveur du roi. Entre un défi porté à ce père et une action intentée à sa mère, en puissance de mari, tout autre eût peut-être hésité : lui n'hésita pas.

Sa jeunesse fut pénible, et un homme d'une telle fierté de caractère dut souvent se sentir humilié de sa fausse situation. En 1814 tout à coup il voit lui manquer les tendres soins dont il était l'objet de

---

[1]. Joseph Jules Dupuy avait une grande fortune. Il se maria à vingt et un ans. Ses sœurs avaient épousé, l'une le baron de Chamoy, l'autre le comte Osmont de Villarceaux.

Adélaïde-Marie Fagnan, mariée à seize ans, était aussi fort riche. Elle était remarquablement jolie, ainsi que l'atteste son portrait fait par Greuse, portrait célèbre sous le nom de *la Jeune Fille à la colombe*.

Sa mère, madame de Fagnan, était elle-même très-belle. Elle a écrit quelques ouvrages. Elle peignait très-bien. Il y a aussi d'elle un très-beau portrait, fait par Greuse, qui est dans la galerie de M. le comte de Morny.

19.

la part de son père et de sa mère. L'un et l'autre voulaient lui faire perdre la trace de sa naissance. C'est alors qu'on l'envoie en Normandie au haras du Pin.

Il en revint en 1824 pour être attaché au cabinet de M. le vicomte de Senones, secrétaire général de la maison du roi, où il ne resta pas longtemps.

Il entre alors dans les bureaux d'un agent de change où il reste juste le temps de perdre la moitié du capital d'une rente de 1200 francs qui suffisait à ses frais d'entretien.

Cette perte lui fut sensible. Ce fut l'instant critique de sa vie auquel peut-être il doit sa fortune. Son père lui refusait tout appui; sa mère, dont il était parvenu à se rapprocher, ne lui pardonnait pas cette tentative... Que faire ? Il prend un parti, c'est de se faire soldat, à l'âge ou il eût pu être officier déjà, car en 1826 sa naissance, sans l'abandon dont il était l'objet, eût pu le conduire à Saint-Cyr. Sa destinée était ailleurs. Le chirurgien major d'un régiment de hussards jugea sa complexion trop faible.

Cette dernière espérance évanouie, il s'établit dans une petite chambre de l'avenue des Champs-Élysées où il vit fort économiquement. L'isolement lui inspire l'idée d'écrire. Il donne son nom à un recueil de pensées et de récits et trouve un éditeur. Le succès d'*Émile*, que Jules Janin a proclamé, « chef-d'œuvre » signale l'auteur au ministre de l'intérieur, M. de Martignac, qui nomme Émile de Girardin inspecteur des Beaux-Arts. Mais c'était là un titre et non une fonction, aucun traitement n'y était attaché ; ce titre d'ailleurs, on le lui retira après la révolution de juillet pour en faire cadeau à M. Édouard Bertin.

Il conçoit alors l'idée d'un recueil hebdomadaire, ayant pour spécialité de reproduire la physionomie de la presse parisienne, et ici nous saisissons encore un trait de son caractère. Il nomme ce recueil le *Voleur*. La hardiesse du titre, vrai du reste, fait la fortune de ce recueil. Bientôt deux mille cinq cents abonnés produisent annuellement 50,000 francs de bénéfices. M. Émile de Girardin avait instinctivement et du premier coup deviné sa véritable vocation : l'industrie du journalisme. Et qui pourrait sans injustice nier qu'il lui ait fait faire des progrès véritables.

Il ne devait pas s'arrêter en si beau chemin. En effet, il crée la *Mode* qui n'a pas moins de succès que le *Voleur*.

C'est dans ce recueil que trois écrivains, qui devaient bientôt être célèbres, George Sand, Balzac, Eugène Sue, donnent leurs trois premiers articles ;

George Sand : la *Vierge d'Albano;* Balzac : *El-Verdugo;* Eugène Sue : *Plik et Plok.*

M. Émile de Girardin avait pris la révolution de 1830 au sérieux ; voulant se livrer à des travaux plus considérables, il vendit ses parts de propriété des journaux le *Voleur* et la *Mode*.

En 1831, il épousa mademoiselle Delphine Gay, qui s'était proclamée elle-même la *Muse de la Patrie*, alors dans tout l'éclat de son talent et de sa beauté. Mais cette union de l'intelligence et de l'esprit, loin d'arrêter M. de Girardin dans ses tentatives de réduction économique des journaux, ne fit au contraire que l'activer. En effet, bientôt cet esprit entreprenant soumit à Casimir Périer un projet de réforme économique pour la presse périodique. Ce projet consistait à réduire le prix du *Moniteur* à 18 francs par an (5 centimes par jour.) Mais cet homme d'État arrivé aux affaires par l'appui de la presse, comme tous les politiques de tempérament, prisait fort peu les hommes de presse en général, et ne se gênait nullement d'exprimer ses sentiments à leur l'égard. M. Émile de Girardin fut donc éconduit. Personne ne voulant croire à la puissance du bon marché, il résolut de la démontrer en fondant le *Journal des connaissances utiles* qui en moins d'une année, compta 230,000 abonnés. Pour donner plus d'éclat à ce journal, M. de Girardin l'avait fait émaner de la *Société nationale pour l'emancipation intellectuelle.* En parallèle, il publie le *Journal des Instituteurs* à trente-six sous par an, *l'Atlas de la France* par département, à un sou la carte, *l'Atlas universel* également à un sou la carte, *l'Almanach de France*, avec cette devise : *Santé, Bien-être, Savoir*, et avec cette double épigraphe : « Versez l'instruction sur la tête du peuple ; vous lui devez ce baptême... Quinze millions de Français n'apprennent que par les almanachs les destinées de l'Europe, les lois de leur pays, les progrès des sciences, des arts et de l'industrie. » Il établit en même temps une propagande active pour la fondation des caisses d'épargne qui, en 1831, s'élevaient en France au nombre de treize, nombre qu'il fit promptement décupler. Ensuite, au moyen d'une cotisation annuelle d'un franc qu'il demanda aux abonnés du *Journal des connaissances utiles,* il fonda l'Institut agricole de Cœtbo (Morbihan), où cent jeunes gens pauvres se trouvèrent logés, nourris et entretenus *gratuitement.* D'autre part, dans une pétition, présentée par M. de Lamartine, il demandait aux Chambres que l'enseignement primaire fût gratuitement exercé comme le culte et la justice, et que les instituteurs primaires fussent assimilés, quant au traitement, aux curés ou aux juges de paix. Cette pétition resta sans écho dans la Chambre. Il faut encore mettre au compte de M. de Girardin la création du *Musée des Familles*, importation anglaise dont le succès se maintient toujours.

L'idée de M. Émile de Girardin si profondément intelligente avait porté des fruits. Voulant en continuer l'application en dehors du journalisme, il proposa à M. Conte, alors directeur général des postes, de supprimer les onzes zônes existantes et de les remplacer par l'unité de taxe. Cette proposition, qualifiée de chimérique; M. Rowland-Hill, en 1840, la fit adopter en Angleterre. Cette même année, il entreprit avec MM. Paulin et Bixio la publication de la *Maison rustique du dix-neuvième Siècle*, devenue le journal d'agriculture pratique. dirigé par M. Baral.

Par l'énergique persévérance de son caractère et la puissance de son esprit, M. Émile de Girardin s'était préparé l'accès de la vie politique. Nommé député de Bourganeuf (Creuse), le 22 juin 1834, il prit place à la Chambre entre l'opposition et la majorité, sur les bancs du groupe désigné alors sous le nom de tiers-parti. La ligne qu'il prétendait suivre, il la traça en ces termes : « Aider le gouvernment dans tout le bien qu'il veut faire, l'arrêter dans tout le mal qu'il peut faire. » Il vota contre le renvoi devant la cour des pairs d'Audry de Puyraveau, et se récusa dans le jugement que rendit la chambre des députés, traduisant à sa barre M. Raspail. Enfin dans cette session il parla et vota contre les lois de septembre, contre les lois de non-révélation et de disjonction.

Les débats parlementaires ne détournent pas M. de Girardin de ses idées de réforme économique appliquées au journalisme et à la librairie. Il met au jour : d'abord le *Panthéon littéraire*, collection de 100 volumes, qui renfermait la matière de 1,000 volumes et ne coûtait par le fait qu'un franc le volume ; ensuite une publication de romans, format in-8°, et vendus à raison de 10 centimes la feuille d'impression, genre de publication adoptée plus tard sous les noms de *Bibliothèque Charpentier*, collection *Michel Lévy*, *Librairie nouvelle*, etc. ; puis la publication de petits manuels du prix de 40 centimes.

Dans l'histoire de la *Presse* nous avons raconté comment M. Dutacq, après avoir adopté les plans de M. Émile de Girardin, s'était tout à coup retiré pour fonder le *Siècle*, et comment M. de Girardin, malgré cette défection, avait réussi à fonder la *Presse*.

On sait que les deux journaux parurent le même jour, 1er *juillet* 1036. M. de Girardin dès lors fut de la part de toute la presse l'objet d'attaques passionnées. On ne pouvait lui pardonner, à ce novateur, à ce révolutionnaire en journalisme, de battre en brèche l'édifice établi. Sans doute les prévisions de cet esprit chercheur étaient possibles, ses plans très-justes, mais on ne jette pas impunément le trouble dans une immense industrie, même dans le but de l'améliorer. Aussi, M. Émile de Girardin se vit-il aussitôt exposé à toutes les vengeances des adversaires de son système. Les attaques se renouvelaient journellement sous toutes les formes. Dans cette guerre, le *Bon Sens*, journal démocratique, se distingua par son acharnement plus direct. On sait comment le *National* entra dans le débat par une note ironique qui provoqua la froide réponse de la *Presse*. Après cette passe, il n'était pas difficile de prévoir comment allait se trancher le nœud de cette polémique.

M. Armand Carrel, accompagné d'un ami, se présenta chez M. Émile de Girardin pour lui demander une explication. Mais cette démarche n'eut aucun résultat. Le lendemain les deux adversaires se rencontraient au bois de Vincennes. Les témoins de M. de Girardin étaient MM. Lautour-Mezeray et Paillard de Villeneuve; ceux de M. Armand Carrel, MM. Ambert et Maurice Persat, gérant du *National*.

Ce journal a fait un récit très-dramatique de la scène qui se passa sur le terrain. Le voici :

« L'explication directe qui avait eu lieu entre M. Carrel et M. de Girardin ne laissait malheureusement rien a faire aux témoins de M. Carrel pour amener une conciliation.

» Arrivé sur le terrain, M. Carrel s'avança vers M. de Girardin, et lui dit :

» — Eh bien, monsieur, vous m'avez menacé d'une biographie? La chance des armes peut tourner contre moi. Cette biographie, vous la ferez alors, monsieur; mais dans ma vie privée et dans ma vie politique, si vous la faites loyalement, vous ne trouverez rien qui ne soit honorable, n'est-ce pas, monsieur?

» — Oui, monsieur, répondit M. de Girardin.

» Il avait été décidé par les témoins que les combattants seraient placés à quarante pas, et qu'ils pourraient faire dix pas chacun.

» M. Carrel franchit la distance d'un pas ferme et rapide. Parvenu à la limite et levant son pistolet, il tira sur M. de Girardin, qui n'avait encore fait que trois pas environ en ajustant. La détonation des deux armes fut presque simultanée. Cependant M. Carrel avait tiré le premier. M. Girardin s'écria :

» — Je suis touché à la cuisse[1] !

» — Et moi à l'aine, dit M. Carrel après avoir essuyé le feu de son adversaire.

» Il eut encore la force d'aller s'asseoir sur un tertre, au bord de l'allée. Ses témoins et son ami, le docteur Marx, coururent à lui. M. Persat fondait en larmes.

» — Ne pleurez pas, mon bon Persat, lui dit Carrel, voilà une balle qui vous acquitte.

— Il faisait allusion au procès du *National* qui devait avoir lieu le lendemain.

» On le porta à Saint-Mandé, chez M. Peyra, son ancien camarade de l'école militaire. En passant auprès de M. de Girardin, M. Carrel voulut s'arrêter.

» — Souffrez-vous beaucoup, monsieur de Girardin? demanda-t-il.

» — Je désire que vous ne souffriez pas plus que moi.

» — Adieu, monsieur, je ne vous en veux pas !

» Carrel ne se faisait point illusion sur la gravité de sa blessure; il conserva sa fermeté d'âme au

---

1. La balle d'Armand Carrel traversa de part en part la cuisse de M. de Girardin.

milieu des souffrances les plus aiguës. Il avait dit, lorsqu'on le déposait sur son lit :

» — Le porte-drapeau du régiment est toujours le plus exposé ; j'ai fait mon devoir. »

On sait qu'Armand Carrel mourut le lendemain.

Loin de s'apaiser en présence d'une tombe à peine fermée et devant le lit d'un moribond, d'une part les haines du parti républicain se ranimèrent plus ardentes, plus envenimées, de l'autre les intérêts sordides qui étaient au fond du débat s'agitèrent et firent se déchaîner avec plus de violence encore les basses passions du mercantilisme. M. de Girardin vit donc s'acccroître le nombre de ses ennemis. Mais il était de force à se défendre seul contre tous. Il lui fallait cette trempe exceptionnelle de caractère : tout autre eût succombé dans la lutte.

C'est après avoir donné toutes les preuves d'extraordinaire énergie, que M. de Girardin, sur la tombe d'Armand Carrel, fit serment de ne plus se battre en duel. Il ne se borna point à cette manifestation ; plusieurs fois dans la *Presse* il s'éleva contre cette coutume *barbare*, de nos jours un *anachronisme*.

Viennent les élections générales du 5 novembre 1837. Deux hommes influents, MM. Dornés et Lebreton, se rendent à Bourganeuf pour combattre la réélection de M. de Girardin. Il est néanmoins réélu. A son retour à Paris, il fait condamner ces messieurs à 500 francs d'amende et à 8000 francs de dommages-intérêts comme diffamateurs[1]. Mais on ne se lasse pas. Une protestation contre l'admission est adressée à la chambre des députés par M. Aristide Guilbert, prétendant que le nouvel élu n'est pas français, qu'il est suisse. Le comte Alexandre de Girardin, par les explications qu'il donne au bureau chargé de vérifier les pouvoirs de son fils, lève l'obstacle. M. de Girardin est admis.

Toujours dans le même esprit de parti, un procès est intenté à M. de Girardin en sa qualité de membre du conseil de gérance du *Musée des Familles*, dont l'administrateur est M. Auguste Cléemann. M. de Girardin est accusé d'avoir coopéré à la propagation de divendes fictifs. Le 19 février 1838, on adresse à la chambre des députés une demande en autorisation de poursuites. La demande est refusée; mais M. Émile de Girardin, allant au devant du débat judiciaire, donne sa démission. Le gain du procès prouve la fausseté de l'imputation.

Le 17 avril, M. Émile de Girardin est réélu à une éclatante majorité. Alors les vengeurs d'Armand

---

1. Ces huit mille francs furent donnés aux pauvres de l'arrondissement de Bourganeuf.

Carrel intentent un second procès à M. Auguste Cléemann qui a émis les actions de la mine de houille de Saint-Bérain (Saône-et-Loire). Ils croyaient M. de Girardin compromis dans cette opération. Sur ce terrain ils sont battus de nouveau.

Le même esprit d'animosité amène la liquidation de la *Presse*, la vente du journal, racheté par M. de Girardin, conjointement avec M. Dujarrier.

Le 4 mars 1839, nouvelles élections générales. M. de Girardin est réélu à Bourganeuf. Bien que depuis cinq ans il fasse partie de la chambre des députés, bien qu'il ait été réélu quatre fois, toujours à une immense majorité, son élection est annulée sous ce prétexte « qu'il ne justifie pas suffisamment qu'il soit français. »

En 1842, M. de Girardin est simultanément élu dans deux collèges : Bourganeuf et Castel-Sarrazin. Nouvelle protestation signée de noms parmi lesquels se trouve celui de M. Goudchaux du *National*. Mais cette fois l'admission est prononcée. C'était le 2 août. Le 27, il est nommé chevalier de la légion d'Honneur, et élu membre du conseil général de la Creuse.

En 1846, il était réélu pour la sixième fois à Bourganeuf. Il se range dans le groupe qui veut l'application du programme de Lisieux et connu sous le nom parlementaire de « parti des conservateurs progressistes. » M. de Girardin fut nommé rapporteur du projet de réforme postale.

Ce n'est guère qu'à partir de 1847 que M. de Girardin prit à la rédaction de la *Presse* une part active.

Le 12 mai, la *Presse* ayant publié un article dénonçant la promesse d'une pairie faite par un tiers moyennant argent, une demande en autorisation de poursuites contre M. de Girardin fut déposée le 3 juin. Traduit le 22 juin à la barre de la cour des pairs, il comparut, sans défenseur, et fut renvoyé des fins de la citation. Ce renvoi eut lieu à une grande majorité. Sa défense, qui n'était pas longue, se terminait par ces mots :

« J'ai foi, messieurs les pairs, dans la vérité, qu'elle soit qualifiée un moment d'erreur ou de calomnie. Toute vérité opprimée est une force qui s'amasse, un jour de triomphe qui se lève. Je ne serais pas un homme politique si je ne savais pas l'attendre. »

On sait par l'historique de la *Presse* tous les efforts tentés par M. Émile de Girardin pour arrêter M. Guizot sur la pente fatale où il glissait. Sa démission déposée le 14 février est une protestation à cet état de choses. En voici les termes :

« Entre la majorité intolérante et la minorité inconséquente, il n'y a pas de place pour qui ne comprend pas :

» Le pouvoir sans l'iniative et le progrès;

» L'opposition sans la vigueur et la logique.

» Je donne ma démission. J'attendrai les élections générales. »

Malgré l'éclat de cette démission, aucun député n'imita M. de Girardin; mais la révolution de février renversa bientôt cette Chambre avec le gouvernement dont elle faisait partie.

Il est connu qu'au plus fort de l'insurrection, M. Émile de Girardin vint conseiller au roi Louis-Philippe d'abdiquer en faveur de son petit-fils et de nommer la duchesce d'Orléans régente. Le 24 février donc il se rend aux Tuileries... Mais avant d'aller plus loin, que le lecteur veuille bien nous permettre de raconter avec quelques détails ce premier épisode d'une grande histoire dans laquelle M. de Girardin a joué un rôle important. Cette page de la vie politique du rédacteur en chef de la *Presse* a le mérite de l'exactitude, et par conséquent d'annuler des fictions malveillantes propagées contre l'éminent publiciste.

Il était environ huit heures du matin lorsque, le 24 février, M. de Girardin arrive aux Tuileries, après avoir franchi barricades sur barricades.

Il demande à parler au roi; M. le général de Rumigny l'engage à s'adresser d'abord à M. Thiers, qui est à l'état-major du Carrousel avec MM. Barrot, de Rémusat, Duvergier de Hauranne et Lamoricière.

M. de Girardin s'y rend et s'efforce de leur faire comprendre que la situation est plus grave qu'ils ne le pensent.

De l'état-major on revient au Tuileries : une proclamation est rédigée en toute hâte; mais où la faire imprimer?

Il y a bien là de l'artillerie, mais il n'y a pas d'imprimerie; mieux vaudrait en ce moment une casse et une presse que dix caissons et dix canons. M. Thiers conjure M. Merruau et M. de Girardin de faire composer et tirer en toute hâte, aux imprimeries du *Constitutionnel* et de la *Presse*, la proclamation qui vient d'être rédigée, et qui annonce la formation du ministère Thiers-Barrot-Duvergier-Rémusat, et la dissolution de la Chambre.

Au moment où M. de Girardin sort des Tuileries, MM. Guizot, de Broglie et d'Haussonville y arrivent à pied; ils n'y sont pas reçus.

Les secondes sont des heures!

Des Tuileries à la rue Montmartre, pour traverser trente barricades, il faut plus de trente minutes!

La proclamation de M. Thiers est composée, et tirée.

Vainement essaye-t-on de la placarder; elle est huée et aussitôt déchirée.

M. de Girardin, jugeant par ce fait de la gravité de la situation, prend sur lui de faire composer la proclamation suivante, dont on a fait grand bruit. En voici le texte :

> « Abdication du roi;
> » Régence de la duchesse d'Orléans;
> » Dissolution de la Chambre;
> » Amnistie générale. »

Sans attendre qu'elle soit tirée, M. de Girardin retourne en toute hâte à l'état-major du Carrousel, où il instruit le maréchal Bugeaud de ce qui se passe; puis de là court aux Tuileries, où il n'est introduit dans le cabinet du roi qu'après plusieurs minutes perdues encore dans le salon qui précède.

Le roi est étendu dans un grand fauteuil placé près d'une fenêtre.

MM. Thiers et Rémusat sont présents; ils se tiennent debout, appuyés près de la cheminée.

« Qu'y a-t-il, monsieur de Girardin? lui demande le roi.

— Il y a, Sire, que l'on vous fait perdre un temps précieux, et que, si le parti le plus énergique n'est pas immédiatement adopté, dans une demi-heure il n'y aura plus de royauté en France. »

M. de Girardin sent aussitôt tous les regards darder sur lui; on doute, on paraît chercher s'il n'a pas perdu la raison en s'exprimant ainsi.

Il aperçoit à côté de M. Thiers M. Merruau, le rédacteur en chef du *Constitutionnel*.

« Interrogez, reprend-il vivement, interrogez M. Merruau sur l'accueil qu'a reçu la proclamation qui vient d'être imprimée au *Constitutionnel* et à la *Presse*; demandez-lui si on a permis qu'elle fût placardée... »

Le récit de M. de Girardin est confirmé par M. Merruau.

Après un moment de silence et d'abattement, la voix du roi se fait entendre pour dire :

« Que faire? »

M. de Girardin répond :

» Abdiquer, Sire!

— Abdiquer!

— Oui, sans hésiter, et en conférant la régence à madame la duchesse d'Orléans : car M. le duc de Nemours ne serait pas accepté... »

Le roi se lève et dit : « Messieurs, voulez-vous que je monte à cheval?

— Non, Sire, » lui répond-on.

M. le duc de Montpensier s'approche du roi et le presse d'abdiquer.

Le roi dit : « J'abdique. »

La régence de madame la duchesse d'Orléans est acceptée.

Le bruit des décharges de coups de fusil se fait plus distinctement entendre.

Déjà l'on peut prévoir que les Tuileries ne tarderont pas à être attaquées.

« Partez, partez, monsieur de Girardin. »

M. de Girardin part sans autre garantie que la parole du roi.

Au coin de la rue Richelieu et de la rue Saint-Honoré, il est arrêté par les nombreux gardiens de la barricade.

Il leur annonce l'abdication du roi, la régence de la duchesse d'Orléans, la dissolution de la Chambre, l'amnistie générale.

On ne veut pas y croire,

« Est-ce imprimé? est le premier mot qui s'é-
chappe de toutes les bouches.

— Non.

— Est-ce écrit?

— Non.

— Quelles garanties nous en donnez-vous?

— Ma parole.

— Qui êtes-vous?

— Émile de Girardin.

— Le député qui a donné sa démission?

— Oui.

— Cela nous suffit.

— Passez, passez... » Des acclamations se font entendre; on crie avec transport : « Le roi a abdiqué! la Chambre est dissoute!... »

M. de Girardin passe et arrive à la place du Palais-Royal, où les feux se croisent entre le poste du Château d'Eau et le peuple, retranché derrière les colonnes et la grille de la cour du Palais.

Vainement M. de Girardin essaye de faire cesser le feu.

Le général Lamoricière arrive à cheval; il n'est pas plus heureux dans les efforts qu'il fait, il l'est moins encore, car il est blessé au bras.

Après une grande heure ainsi perdue en exhortations étouffées par le sifflement des balles, M. de

Girardin retourne aux Tuileries, où il ne retrouve plus ni roi, ni princes, ni ministres, dans le cabinet où il les avait laissés.

Où étaient-ils ? Que s'était-il passé ?

M. de Girardin l'ignorait.

Interrogé par la foule qui entre et n'en sait rien non plus, il ne peut que lui répondre :

« Le roi a abdiqué ;

» La duchesse d'Orléans est régente ;

» La chambre est dissoute ;

» Une amnistie générale est proclamée. »

— Est-ce bien vrai ?

— Oui.

— Écrivez-le et signez-le.

M. de Girardin s'assied à une table, et là, pendant une heure au moins, il écrit ou signe plus de 500 bulletins d'abdication.

Le temps marche vite en révolution. Nous sommes au 25 février. La révolution mettait précisément le pouvoir aux mains d'hommes que de longue main M. Émile de Girardin était accoutumé à rencontrer parmi ses plus implacables ennemis. Proclamer avec la France entière que, loin d'avoir peur, que loin même de paraître intimidé en présence d'une situation si périlleuse pour sa personne, il fut admirable de courage et de patriotisme énergique, c'est de toute justice!

Le lendemain donc, la *Presse* parut avec un article intitulé : *Confiance! Confiance!* qui portait à la connaissance de tous les faits rapides des 23 et 24 février, exhortant le pays à regarder en face les hommes qui lui imposaient la république. Ce courageux appel au patriotisme national, qui eût tant de retentissement, ne fut pas seulement un morceau de véritable éloquence, ce fut encore une belle et noble action.

Ainsi, presque tous les publicistes hier aux gages du château, ou se cachaient ou se taisaient lâchement, lorsqu'ils ne désertaient pas ouvertement avec armes et bagages pour se faire les piliers de la république. Mais M. Émile de Girardin, loin de mettre son drapeau dans sa poche, l'arborait fièrement à tous les yeux.

Le 23 février, la *Presse* tirait à 30,000 exemplaires; un mois après, son tirage atteignait le chiffre presque fabuleux de 70,000.

Toute médaille a son revers. M. de Girardin qui avait crié : *Confiance! Confiance!* presque aussitôt fit entendre ce nouveau cri : *Résistance! Résistance!* Ce cri, il le poussa « quand M. Ledru-Rollin fit paraître ses célèbres circulaires et ses fameux bulletins;

quand il investit de pouvoirs illimités, dans les départements, des hommes inexpérimentés, déconsidérés, des repris de justice, et jusqu'à des meurtriers; quand la faux de la destitution se promena impitoyablement et aveuglément sur toute la France; quand Paris donna le spectacle de la plus scandaleuse curée aux places et des vanités les plus risibles. »

Le 29 mars, vers huit heures du soir, des bandes, débouchant des deux côtés de la rue Montmartre, vinrent mettre le siége devant le numéro 123. Les cris : *A bas la Presse! Mort à Girardin!* se firent entendre. Ces bandes, excitées, stipendiées peut-être, voulaient briser les presses, afin d'empêcher M. de Girardin de dire librement sa pensée dans le sens du dernier cri qu'il avait fait entendre.

Le concierge, effrayé, voulait fermer les portes. M. de Girardin voulut qu'elles restassent ouvertes, et reçut les délégués des bandes en leur disant : « Si c'est moi que vous voulez tuer, me voici sans armes! »

Il causa avec ces délégués pendant plus d'une heure, et lorsque ceux-ci furent revenus à la foule qui, mécontente de leurs explications, n'en proférait que plus de menaces, M. de Girardin, accompagné de deux de ses amis, sortit et s'ouvrit un passage à travers ses rangs sans qu'aucune main osât se lever sur lui, bien qu'il fût parfaitement reconnu d'ailleurs.

Le 25 juin, le rédacteur en chef de la *Presse* fut soumis à une épreuve d'un autre genre, c'est-à-dire qu'il fut arrêté dans les bureaux du journal et conduit à la prison de la Conciergerie par ordre du général Cavaignac, chef du pouvoir exécutif. Le journal fut en outre supprimé. Mis au secret, M. de Girardin fut dans l'impossibilité d'obtenir le moindre éclaircissement sur les motifs de sa détention. Bien entendu, toute sa correspondance fut saisie à la poste et ouverte; mais, chose remarquable, on n'y trouva pas la plus petite preuve, le plus faible indice, de nature à mettre en doute son attachement à la République.

Après onze jours, M. de Girardin fut mis en liberté. Le journal supprimé sans cause le 25 juin, reparut sans conditions le 5 août, après quarante deux jours de suppression.

Cet arbitraire dictatorial excita un *tolle* général dans toute la presse qui donna lieu à la protestation signée le 24 août par MM. Bareste (Eugène), Berjeau, Blanc (Eugène), Blum (Eugène), Boyée, Calonne (de), Capo de Feuillide, Chambord, Chareau (Paul), Chatard (Eugène), Collin (Achille),

Commerson, Cournier, de Damery, Darmont, de Laage (Henry), Deschères, Desfontaines, Dieudonné, Disant, de Douret, Dorcel (Jules), Dumont, Durrieu (Xavier), Dutacq, Faure, Féval (Paul), François, Genoude, Gillet (Benoît), Girardin (Émile de), Giraud de Saint-Fargeau, Gullaud (Evariste), Hervé (Édouard), Hounan (Joachim), Jolivald (de), Julvécourt, Laurier, Lavalette (A. de), Lechevallier (Jules), Lefloch, Lemachois, le Poitevin Saint-Alme, Loudun, Lucas (Louis), Magne, Moncel, Maron (Eugène), Martin (Ed.), de Mauduy, Maurin, Menard, Meurice (Paul), Millaud, Naquet (Gustave), Nefftzer (A.), Nozais, O. Maccarthy, Peyrat, Pérodeaud, Ponroy (Arthur), Rifault, Robillard, Rondy, de Saint-Albin (Alex.), Vasbenter, de Villemessant, Vitu (Auguste).

Le lecteur a vu dans l'historique du journal la polémique mitraillante contre le chef du pouvoir exécutif, dans une série d'articles remarquables sous ce titre : *Le général Cavaignac devant la commission d'enquête.*

Le 24 octobre, M. Émile de Girardin pose nettement la candidature du prince Louis-Napoléon Bonaparte.

Élu représentant du peuple par le département

du Bas-Rhin à l'Assemblée législative, au mois de juin 1850, M. Émile de Girardin prit une position tranchée dans les rangs de l'opposition, défendit la liberté de la presse et combattit toutes les lois restrictives.

Compris en 1851 dans celui des trois décrets qui éloignait temporairement un certain nombre de représentants, il se rendit à Bruxelles où il publia son livre intitulé: *La politique universelle*. Il fut bientôt rappelé en France par la mort de madame Sophie Gay, sa belle-mère, et peu après il reprit la plume dans la *Presse* dont le tirage tombé à 12,000 exemplaires, s'éleva bientôt à 42,000.

Le 4 décembre 1857, un arrêté ministériel suspendit la *Presse* pour deux mois. Cette mesure rigoureuse était motivée par un article de M. Peyrat dont nous avons parlé dans l'historique du journal, article où il s'agissait du refus du serment de députés du Corps législatif, nommés par le parti démocratique. M. Émile de Girardin, touché du sort des ouvriers de l'imprimerie privés de travail, imagina pour leur donner de l'occupation de réimprimer sous ce titre : *Questions de mon temps*, la plus grande partie de ses articles. Cette circonstance, il l'a racontée lui-même dans l'introduction ; qu'on nous permette d'en citer quelques lignes :

« Un incident, dit-il, a donné naissance aux *Questions de mon temps.*

» Cet incident, c'est la suspension du journal la
» *Presse*, prononcée le 4 décembre 1857, suspen-
» sion privant, pendant deux mois, de travail,
» conséquemment de salaire, les vaillants composi-
» teurs qui m'avaient été si longtemps dévoués, et
» auxquels je n'avais cessé de rester cordialement
» attaché, quoique la direction de la *Presse* ne
» m'appartînt plus depuis le 27 novembre 1856.
» Pendant deux mois, qu'allaient-ils faire? A quoi
» occuper cet atelier formé avec tant de soin et si
» habilement conduit? L'idée me vint alors tout
» naturellement de réimprimer les articles, d'abord
» fort rares de 1836 à 1846, ensuite plus abondants,
» trop abondants peut-être, de 1846 à 1856, que
» j'avais fait paraître dans la *Presse*. Le jour même,
» je me mettais à l'œuvre en toute hâte; le lende-
» main, les compositeurs de mon atelier étaient à
» leurs casses; ils avaient « de la copie » devant
» elles. En agissant ainsi, je ne faisais qu'agir de
» réciprocité, car je ne pouvais oublier, je n'oublie-
» rai jamais que les travailleurs de la *Presse* ont
» fait graver par Borel, et frapper, en 1849, une très-
» belle médaille, où, du côté de l'effigie, sont ins-
» crits ces mots : « A ÉMILE DE GIRARDIN LES TRAVAIL-

» LEURS DE LA PRESSE RECONNAISSANTS; » et aux revers ceux-ci : « LIBERTÉ DE LA PRESSE. — COURAGE CIVIL. — » ASSOCIATION DU CAPITAL-TRAVAIL AU CAPITAL-ARGENT. » — 5 MARS 1848. »

Le plus bel éloge affaiblirait la valeur et la portée de l'initiative de M. Émile de Girardin.

Nous n'avons pas ici à apprécier la politique de M. Émile de Girardin; elle est nettement dessinée dans la *Presse*, dont nous avons fait l'historique à l'aide de citations qui éclairent suffisamment le lecteur sur les tendances de son rédacteur en chef. Rappelons seulement qu'il défendit constamment le drapeau conservateur pendant toute la durée de la monarchie de juillet; que M. de Girardin est resté jusqu'au dernier jour, jusqu'à la dernière heure, jusqu'à la dernière minute, jusqu'à la dernière seconde, fidèle au gouvernement qu'il s'était efforcé d'éclairer, mais, comme il le déclare lui-même dans le troisième volume des *Questions de mon temps*, qu'il n'avait jamais eu la pensée de contribuer à renverser.

Cette déclaration de M. de Girardin nous semble doubler la valeur du rôle qu'il prit au lendemain de février.

On a souvent parlé des variations politiques de M. Émile de Girardin. Nous pensons, nous, qu'une logique inflexible a constamment dirigé sa conduite politique. Il a eu en politique un but qu'il a poursuivi avec ardeur, avec persistance comme il avait poursuivi avec ardeur, avec persistance l'accomplissement de sa réforme économique du journalisme. Nous en avons pour garant son refus des offres qui lui furent faites : le 14 décembre 1846, de la préfecture de police ou de la direction générale des postes ; le 20 décembre, de l'ambassade de Naples, refus qu'il motive en déclarant *qu'il n'acceptera jamais qu'une fonction où il pourra faire preuve de la justesse de ses idées par leur application.*

Nous avons dit en commençant que M. de Girardin était un de ces hommes d'action qui sont à eux seuls de véritables puissances. Rien n'est plus vrai. Quand on songe à tout ce qu'il a fait, à tout ce qu'il a réalisé au milieu de tant d'obstacles, environné de tant d'ennemis, on est étonné, effrayé. Et tout ce qu'il a écrit ! C'est innombrable. Et toutes ces œuvres, remplies d'idées nouvelles, parmi lesquelles les *Questions de mon temps*, sont autant de mines où plus tard on viendra puiser à pleines mains. Et cependant tant de travaux n'ont point suffi à l'activité de M. de Girardin, et dernièrement nous l'avons vu tenter la fortune du théâtre. Mais à ce propos, qu'il nous soit permis de nous étonner de voir la critique nier le talent dramatique de M. de Girardin, et cela sous le prétexte qu'il est journaliste. Eh mon Dieu! Beaumarchais qui vendait des fusils à la Hollande et à l'Amérique n'a-t-il pas fait le *Barbier de Séville* et le *Mariage de Figaro?*

Les arguments de la critique sont d'autant plus ridicules que le *Supplice d'une femme* et les *Deux sœurs* ont parfaitement réussi : l'un au Théâtre-Français, l'autre au Vaudeville.

Maintenant veut-on connaître l'homme? « Ceux qui connaissent M. de Girardin, dit M. Véron, le savent généreux, courageux et obligeant; il est aussi fidèle dans ses dévouements que persévérant et audacieux dans ses haines; il a l'honneur de compter un grand nombre d'ennemis. Tant d'idées neuves, longuement méditées et développées avec talent; ce courage personnel, tranquille et toujours prêt, dont tant de fois il a fait preuve eussent certainement suffi à fonder et à gouverner un royaume. Journaliste, il n'a jamais eu qu'une vie troublée et militante... Si parfois son esprit s'égare, c'est qu'il se replie trop sur lui-même et vit trop dans l'isolement; la solitude n'est pas toujours un bon conseiller. »

Le 22 février dernier, M. Émile de Girardin à

quitté définitivement la *Presse*. Peu après il a fondé la *Liberté*.

M. CLÉMENT DUVERNOIS

Né à Paris le 4 avril 1836; rédacteur en chef de la *Colonisation*, à Alger, en 1856, juste vingt ans après. Les idées du jeune rédacteur en chef n'étant pas du goût du ministre de la guerre, le journal fut supprimé.

M. Clément Duvernois vient à Paris en 1858, et entre à la *Presse* où il traite la question algérienne. Il publie en même temps un volume sur l'Algérie.

Il retourne en Afrique comme rédacteur en chef de l'*Algérie nouvelle*, journal supprimé au bout de dix-huit mois par décret impérial.

En 1859, M. Duvernois est condamné à trois mois de prison pour une série de pamphlets publiés à Alger.

Décidément l'Algérie n'est pas favorable à M. Clément Duvernois.

En 1860, il devient rédacteur en chef du *Courrier de Paris*. Ce journal dure peu. Il entre au *Temps* où il reste pendant les premières années de la fondation de cette feuille, et collabore au *Courrier du Dimanche*.

Il fait un voyage au Mexique, d'où il envoie des correspondances à la *Presse*, au *Temps,* au *Siècle ;* et à son retour il entre définitivement à la *Presse* où il avait débuté en arrivant à Paris.

Au *Temps*, le talent de M. Duvernois avait donné une certaine mesure, mais sans se dessiner nettement; à la *Presse* ce talent avait tout à coup jeté un vif éclat. La hardiesse est l'assise du talent de M. Duvernois; il en a amplement usé vis-à-vis de M. Guéroult qu'il a réduit au silence.

M. Clément Duvernois est un journaliste d'un grand avenir.

M. AUGUSTE VERMOREL

Voici le plus jeune et l'un des plus éprouvés des écrivains de la presse militante. C'est à lui que nous sommes redevables, par sa fondation de la *Jeune France,* du réveil des écoles. Le premier numéro de cet excellent petit journal a été en effet pour le quar-

---

1. Né en juin 1841.

tier latin ce que la trompette fut pour Jéricho. Vermorel était encore étudiant lorsqu'il fonda cette feuille qui lui valut un mois de prison et la suppression du journal. Cette condamnation l'intimida si peu qu'il continua la *Jeune France* sous ce titre : La *Jeunesse*. Même résultat : deux mois de prison et suppression.

Au sortir de Villa-Pélagie, une prison de santé morale, notre confrère, qui avait par sa généreuse initiative et par ces condamnations, attiré sur lui les regards du monde libéral, devint secrétaire de la rédaction de la *Semaine universelle*, journal fondé par un Grec, M. Preto, avec la collaboration de MM. Saint-Marc-Girardin, Laboulaye, Louis Ulbach, Edmond About et Frédéric Morin. Le fondateur de la *Jeune France* ne pouvait-être, on le voit, en meilleure société, et entrer ainsi plus dignement dans la presse politique.

La *Semaine universelle*, rédigée à Paris, paraissait à Bruxelles. Au bout d'une année, cette publication cessa, tuée par de trop fréquentes interceptions à la frontière.

Vermorel entra alors au *Progrès* de Lyon, qui se ressentit de la fougue de ce nouveau rédacteur.

Le *Progrès* de Lyon fut suspendu, en effet, en

novembre 1863, pour un article d'Auguste Vermorel.

En reparaissant quelque temps après, ce journal annonça que *pour des motifs indépendants de sa volonté et de la leur*, il devait se priver de la collaborations de MM. Frédéric Morin et Vermorel.

On comprend parfaitement que c'était là une interdiction administrative.

Eh! mon Dieu, oui, il est très-aisé aujourd'hui de se débarrasser d'un écrivain dont les allures ne sont pas du goût gouvernemental.

On place le journal dont il est rédacteur dans cette alternative, ou de l'éliminer de la rédaction, ou d'encourir les plus cruelles rigueurs administratives, ce qui signifie la suspension et par suite la suppression. En présence d'un semblable ultimatum, les intéressés du journal, les palpeurs de dividendes n'hésitent pas, vous le comprenez, et ils ont ma foi raison. Ils remercient, avec tous les égards possibles, leur rédacteur compromettant.

Voilà ce qui est arrivé jadis à M. Eugène Pelletan. Voilà ce qui vient d'arriver à M. Émile de Girardin.

Vermorel qui, de Lyon, avait adressé quelques correspondances à la *Presse* se présenta carrément un beau matin de l'an de grâce 1854 chez M. Émile de Girardin, et lui raconta ses déboires ; et deux jours après il débutait dans la *Presse* par un article *Variétés* sur un récent ouvrage de M. de Girardin : *Force et richesse*, si j'ai bonne mémoire.

On ne pouvait pas mieux débuter ou du moins plus adroitement.

La *Presse* compta dès lors un rédacteur de plus, et un rédacteur *en pied*, car Vermorel, abandonnant les *Variétés*, fut commis au département des journaux, poste important, délicat, et où il a su se faire remarquer.

On connaît le reste : Vermorel devant sa position à M. de Girardin, a cru de son devoir de donner sa démission de rédacteur de la *Presse*, alors que ce dernier en sortait. Sans prétendre amoindrir le bel acte de Vermorel, en cettre circonstance, je suis convaincu qu'il comptait bien un peu sur la nature remuante, ingénieuse et si fertile en idées de son rédacteur en chef pour retrouver promptement une position au moins équivalente à celle qu'il perdait. S'il en est ainsi, il a eu raison, car le voilà aujourd'hui installé magistralement à la *Liberté*.

En dehors de l'aride politique, M. Vermorel a publié deux romans : *Desperanza* et les *Amours vulgaires*, ainsi qu'un petit livre qui vaut plus qu'il ne pèse : *Mirabeau, sa vie, ses opinions et ses discours*, paru dans la bibliothèque nationale à 25 centimes, ce qui est le plus bel éloge qu'on en puisse faire.

Tout récemment, M. Vermorel, par un volume intitulé : Robespierre, sa vie et ses discours, vient d'inaugurer, chez notre intelligent éditeur, une publication des plus intéressantes qui comprendra tous les héros de la révolution, les Danton, les Hébert, les Marat, les Vergniaud, les Gensonné, les Saint-Just, et tant d'autres illustrations de cette immortelle époque.

Nous n'avons pas à analyser ici ce volume; peut-être ne serions-nous pas d'accord sur tous les points avec notre confrère ; mais nous devons le féliciter de dérober ainsi quelques heures à ses travaux quotidiens, pour les consacrer à des œuvres sérieuses et vraiment nationales.

FIN

TABLE

HISTOIRE DE LA PRESSE

RÉDACTEURS DE LA PRESSE

M. Rouy	285
M. Darimon	289
M. Arsène Houssaye	297
M. Paul de Saint-Victor	302
M. Louis Figuier	307
M. Eugène Paignon	309
M. G-Jauret	311
M. Sanson	312
M. Chatard	314
M. Burty	315
M. Proth	317
M. Baüer	318

HISTOIRE DE LA LIBERTÉ.

RÉDACTEURS DE LA LIBERTÉ

M. Émile de Girardin. 332
M. Clément Duvernois. 363
M. Auguste Vermorel. 364

FIN DE LA TABLE

POISSY. — TYP. ET STÉR. DE A. BOURET.

OUVRAGES DU MÊME AUTEUR :

Journaux et journalistes. Le *Journal des Débats*, 1 vol.................................... 3 50
Journaux et Journalistes : Le *Siècle*, 1 vol..... 3 50
L'homme noir, 3ᵉ édition, préface de Victor Hugo. 3 »
Les Plaisirs de Bade, *Étude sur la forêt Noire et ses environs*, 1 vol........................ 1 50

SATIRES ET PAMPHLETS.

Les Imbéciles, 2ᵉ édition, 1 vol................ 3 »
Les Crétins de Province, 2ᵉ édition, 1 v. illustré. 3 »
Les Abrutis, 1 vol. illustré................... 3 »
Les vieux Polissons, 1 vol. illustré (saisi et condamné..................................
Les Infames de la Bourse, 1 vol. in-18....... 1 »
Les Tripots d'Allemagne, (2ᵉ édition). 1 vol. in-18. 1 »
Les Mauvaises Langues, 1 vol. illustré......... 1 »
La Première a Dupanloup, broch. in-8º........ 1 »

SOUS PRESSE.

Journaux et journalistes : La *Gazette de France* avec le fac-simile du 1ᵉʳ numéro (1636) et le portrait de Renaudot, son fondateur.........
Les Premières Étapes d'un Prisonnier, souvenir de Sainte-Pélagie.........................

www.ingramcontent.com/pod-product-compliance
Lightning Source LLC
Chambersburg PA
CBHW050546170426
43201CB00011B/1578